中国城市轨道交通协会

U0772283

2022
中国城市轨道交通工程建设
发展报告

● 赵一新　主编

中国建筑工业出版社

图书在版编目（CIP）数据

2022中国城市轨道交通工程建设发展报告 / 赵一新
主编 . —北京：中国建筑工业出版社，2022.11
ISBN 978-7-112-28153-4

Ⅰ . ① 2… Ⅱ . ①赵… Ⅲ . ①城市铁路—轨道交通—
交通运输管理—研究报告—中国— 2022 Ⅳ . ①U239.5

中国版本图书馆 CIP 数据核字（2022）第 213048 号

责任编辑：毕凤鸣 焦 扬
责任校对：孙 莹

2022 中国城市轨道交通工程建设发展报告
赵一新 主编

*

中国建筑工业出版社出版、发行（北京海淀三里河路 9 号）
各地新华书店、建筑书店经销
华之逸品书装设计制版
北京市密东印刷有限公司印刷

*

开本：787 毫米 × 1092 毫米 1/16 印张：12 字数：228 千字
2022 年 11 月第一版 2022 年 11 月第一次印刷
定价：**108.00** 元
ISBN 978-7-112-28153-4
（40619）

版权所有 翻印必究

参编人员名单

主编（课题组长）： 赵一新

编委会委员（按章节顺序）

一、综述篇

数据来源：城市轨道交通2021年度统计和分析报告

来源单位：中国城市轨道交通协会

二、标准篇

（一）参编人员：韩慧敏　陈燕申　贺　旭　叶　敏

参编单位：中国城市规划设计研究院

（二）参编人员：周　勇　周明亮　徐吉庆　张倩璐　张　超

参编单位：中铁二院工程集团有限责任公司

三、勘测篇

参编人员：黄伏莲　张建全　李　响　余永明　李芳凝　陆鹏宇

高　燕　刘力丹　颜　威　徐鹏宇

参编单位：北京城建勘测设计研究院有限责任公司

四、规划篇

参编人员：谢昭瑞　卞长志

参编单位：中国城市规划设计研究院

五、设计篇

参编人员：郑　翔　蔡涵哲　吴殿华　翟利华　卢小莉　李　平

刘增华　刘丽萍　胡丽君

参编单位：广州地铁设计研究院股份有限公司

六、施工篇

参编人员：刘朝明　徐　瑾　王开诚

参编单位：上海申通地铁建设集团有限公司

七、竣工验收篇

参编人员：罗淑仪　陈丹莲

参编单位：广州轨道交通建设监理有限公司

八、新技术篇

（一）参编人员：湛维昭　朱志伟　蔡金山　刘琼蓉　熊晓锋　朱云冲
　　　　　　　张　森　张晓波

参编单位：广州地铁设计研究院股份有限公司

（二）参编人员：程　樱　金建飞　秦晓光

参编单位：上海市城市建设设计研究总院（集团）有限公司

九、质量安全篇

指导单位：住房和城乡建设部科学技术委员会城市轨道交通建设
　　　　　专业委员会

参编人员：刘永勤　刘　丹　韩学诠　杨　萌

参编单位：北京城建勘测设计研究院有限责任公司

十、上盖物业开发

参编人员：李实华　石晓伟

参编单位：深圳地铁置业集团有限公司

统稿：贺旭

前言

　　当前，我国正处在加快转变经济发展方式的新时期，城市轨道交通是体现城市发展现状及趋势的重要窗口，是展示城市发展成就和潜力的重要平台。《2022中国城市轨道交通工程建设发展报告》是由中国城市轨道交通协会工程建设专委会组织编制，中国城市规划设计研究院资助为"学术研究成果"出版。

　　为了适应城市发展需要，针对中国城市轨道交通工程建设领域的实际情况，开展深度调研，通过了解各地轨道交通工程项目推进情况，从轨道交通工程项目的主要建设阶段进行全面的研究。以工程建设不同阶段存在的主要问题作为突破口，深度分析原因并给出意见和建议。

　　《2022中国城市轨道交通工程建设发展报告》包括综述篇，5个工程阶段专题篇包括勘测、规划、设计、施工和竣工验收篇，4个特别专题篇包括标准、新技术、质量安全和上盖物业开发组成。本报告将持续关注和纪录我国城市轨道交通工程建设领域的发展情况，为我国城市轨道交通工程建设的发展贡献力量。

目录

1 综述篇①

1.1 概述

截至2021年底,中国②共有50个城市开通城市轨道交通(以下简称城轨交通)运营线路283条,运营线路总长度9206.8km。2021年全年共完成建设投资5859.8亿元,在建项目的可研批复投资累计45553.5亿元,在建线路总长6096.4km,在建线路规模与年度完成投资额同比均略有回落。

截至2021年底,共有67个城市的城轨交通线网规划获批(含地方政府批复的23个城市),其中,城轨交通线网建设规划在实施的城市共计56个,在实施的建设规划线路总长6988.3km(不含统计期末已开通运营线路);56个城市在实施建设规划项目的可研批复总投资额合计为42222.55亿元。2021年当年,共有3个城市新一轮城轨交通建设规划获国家发展改革委批复并公布,获批项目中涉及新增线路长度314.6km,新增计划投资2233.54亿元。

"十四五"城轨交通已由重建设转变为建设、运营并重阶段。城轨交通新开通运营线路里程"十三五"期间呈持续上涨势头,"十四五"各年预计呈现波动变化趋势,各年不均衡,新开通运营线路规模在近年达到峰值后有所回落。这种波动将会传导到产业链上下游,带来设计规划、工程建设、装备制造企业等设计、施工、制造、供应的变化,应提前预警,合理配置资源,促进城轨交通行业高质量健康发展。

"十四五"期间,城市群、都市圈轨道交通将快速发展,城市群、都市圈规划中所批复的一批市域快轨逐步建成开通。2021年国家发展改革委批复了《长江三角洲地区多层次轨道交通规划》《成渝地区双城经济圈多层次轨道交通规划》,未来随着城市群、都市圈轨道交通规划的推进,市域快轨将有一个较大的潜在发展空间。

①本篇数据来源为中国城市轨道交通协会《城市轨道交通2021年度统计和分析报告》。

②由于统计渠道原因,本书对全国轨道交通线路的统计范围不包括港澳地区,全书中提到的中国、国内、全国、我国等统计范围,均未能统计港澳台地区。

1.2 建设情况

1.2.1 在建规模持续增长

截至2021年底，中国有55个城市（个别由地方政府批复项目未纳入统计）在建线路总规模6096.4km（含个别2021年当年仍有建设进展和投资发生的已运营项目和2021年当年新投运项目），在建线路253条（段），共有29个城市在建线路为3条及以上。

22个城市的在建线路长度超过100km。其中，深圳市建设规模超过400km；广州市建设规模超过300km；北京、南京、杭州、青岛、成都、郑州、天津、上海、合肥9市建设规模超200km；建设规模在150~200km之间的有沈阳、重庆、苏州、宁波、福州、西安、武汉、厦门8市，建设规模在100~150km之间的有贵阳、济南、长沙3市。

从敷设方式来看，在6096.4km的在建线路中，地下线4971.7km，占比81.55%，地面线539.1km，占比8.84%，高架线585.6km，占比9.61%。

2021年各城市城轨交通在建线路制式结构和规模情况见图1-1和表1-1。

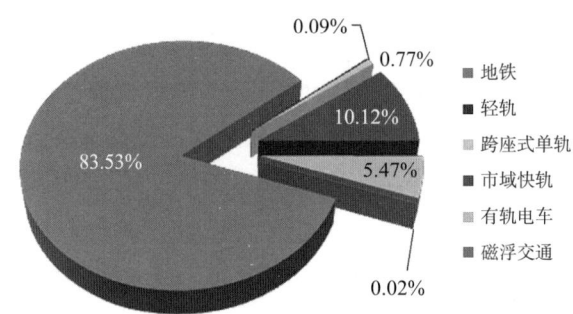

图1-1　2021年城轨交通在建线路制式结构

1.2.2 6种制式在建，市域快轨占比增加

从系统制式来看，在6096.4km的在建线路中，地铁5093.1km，占比83.53%，同比增加0.23个百分点；轻轨5.4km，占比0.09%；跨座式单轨46.8km，占比0.77%；市域快轨616.8km，占比10.12%，同比增加0.52个百分点；有轨电车333.2km，占比5.47%，同比下降0.87个百分点；磁浮交通1.2km，占比0.02%。

随着国家打造"轨道上的都市圈"，推动"四网融合"以及几大都市圈、城市群多层级交通规划政策的出台，助推了市域（郊）轨道交通系统的发展，

2021年各城市城轨交通在建线路规模统计汇总表

表1-1

序号	城市	线路长度（km）	各系统制式线路长度（km）						各敷设方式线路长度（km）			车站（座）	
			地铁	轻轨	跨座式单轨	市域快轨	有轨电车	磁浮交通	地下线	地面线	高架线	车站	其中：换乘站
1	北京	296.2	293.8	/	/	/	1.2	1.2	265.6	9.2	21.4	193	98
2	上海	222.9	200.7	/	/	22.2	/	/	216.3	/	6.6	145	56
3	天津	237.0	237.0	/	/	/	/	/	203.0	3.0	31.1	167	64
4	重庆	194.6	194.6	/	/	/	/	/	180.2	0.7	13.7	90	51
5	广州	306.1	230.4	5.4	/	61.3	14.4	/	291.7	14.4	/	165	0
6	深圳	439.4	237.0	/	/	202.5	/	/	234.0	203.0	2.5	181	85
7	武汉	155.6	118.5	/	/	37.1	/	/	130.1	1.3	24.2	75	39
8	南京	288.8	192.3	/	/	96.5	/	/	227.3	5.5	56.0	169	71
9	沈阳	196.6	196.6	/	/	/	/	/	172.3	/	24.3	144	57
10	长春	97.2	91.9	5.4	/	/	/	/	92.7	/	4.5	77	29
11	大连	59.2	59.2	/	/	/	/	/	59.2	/	/	42	14
12	成都	242.2	178.2	/	/	38.7	25.3	/	181.1	27.4	33.7	275	96
13	西安	169.3	169.3	/	/	/	/	/	147.1	/	22.2	127	28
14	哈尔滨	60.9	60.9	/	/	/	/	/	60.9	/	/	49	16
15	苏州	186.6	186.6	/	/	/	/	/	186.0	0.6	/	146	49
16	郑州	237.1	203.7	/	/	33.4	/	/	229.0	0.3	7.8	145	65
17	昆明	99.0	99.0	/	/	/	/	/	97.9	/	1.1	73	30
18	杭州	250.7	250.7	/	/	/	/	/	238.6	/	12.1	118	57

续表

序号	城市	线路长度 (km)	各系统制式线路长度 (km)						各敷设方式线路长度 (km)			车站 (座)	
			地铁	轻轨	跨座式单轨	市域快轨	有轨电车	磁浮交通	地下线	地面线	高架线	车站	其中:换乘站
19	佛山	56.6	32.4	/	/	/	24.2	/	30.4	9.7	16.5	45	11
20	长沙	110.8	110.8	/	/	/	/	/	106.6	0.2	4.0	180	57
21	宁波	170.8	170.8	/	/	/	/	/	133.2		37.5	112	40
22	无锡	54.9	54.9	/	/	/	/	/	35.0	0.2	19.7	27	5
23	南昌	71.3	71.3	/	/	/	/	/	62.2	0.2	8.9	48	8
24	兰州	9.1	9.1	/	/	/	/	/	9.1	/	/	/	/
25	青岛	244.6	183.2	/	/	61.4	/	/	237.6	0.5	6.4	157	60
26	福州	170.2	170.2	/	/	/	/	/	148.0	/	22.3	88	32
27	东莞	58.0	58.0	/	/	/	/	/	35.4	2.3	20.3	21	5
28	南宁	51.3	51.3	/	/	/	/	/	51.3	/	/	41	11
29	合肥	219.3	219.3	/	/	/	/	/	187.5	0.3	31.5	133	41
30	石家庄	55.6	55.6	/	/	/	/	/	55.6	/	/	/	/
31	济南	128.4	93.4	/	/	/	35.0	/	93.4	35.0	/	88	33
32	太原	52.2	52.2	/	/	/	/	/	52.2	/	/	47	14
33	贵阳	149.1	149.1	/	/	/	/	/	130.8	/	18.3	99	24
34	乌鲁木齐	19.4	19.4	/	/	/	/	/	19.4	/	/	16	4
35	厦门	150.0	150.0	/	/	/	/	/	120.3	2.1	27.6	88	32
36	徐州	47.5	47.5	/	/	/	/	/	47.5	/	2.1	76	27

序号	城市	线路长度（km）	各系统制式线路长度（km）						各敷设方式线路长度（km）			车站（座）	
			地铁	轻轨	跨座式单轨	市域快轨	有轨电车	磁浮交通	地下线	地面线	高架线	车站	其中：换乘站
37	常州	19.8	19.8	/	/	/	/	/	18.2	0.3	1.2	15	2
38	温州	63.6	/	/	/	63.6	/	/	9.6	1.5	52.5	20	2
39	呼和浩特	27.3	27.3	/	/	/	/	/	27.3	/	/	24	1
40	洛阳	42.5	42.5	/	/	/	/	/	40.8	0.3	1.4	34	2
41	南通	60.0	60.0	/	/	/	/	/	60.0	/	/	45	12
42	绍兴	44.9	44.9	/	/	/	/	/	44.9	/	/	32	5
43	芜湖	46.8	/	/	46.8	/	/	/	1.5	/	45.3	36	2
44	三亚	8.4	/	/	/	/	8.4	/	/	8.4	/	15	/
45	南平	26.2	/	/	/	/	26.2	/	/	16.4	9.9	10	/
46	红河哈尼族自治州	13.3	/	/	/	/	13.3	/	/	13.3	/	15	/
47	文山州	21.1	/	/	/	/	21.1	/	/	21.1	/	19	1
48	德宏傣族景颇族自治州	35.5	/	/	/	/	35.5	/	/	35.5	/	5	/
49	德令哈	15.0	/	/	/	/	15.0	/	/	15.0	/	20	/
50	天水	12.9	/	/	/	/	12.9	/	/	11.6	1.4	12	1

续表

序号	城市	线路长度（km）	各系统制式线路长度（km）						各敷设方式线路长度（km）			车站（座）	
			地铁	轻轨	跨座式单轨	市域快轨	有轨电车	磁浮交通	地下线	地面线	高架线	车站	其中：换乘站
51	黔南布依族苗族自治州	22.0	/	/	/	/	22.0	/	/	22.0	/	18	/
52	张掖	15.6	/	/	/	/	15.6	/	/	15.6	/	6	/
53	嘉兴	15.6	/	/	/	/	15.6	/	0.9	14.7	/	26	4
54	黄石	27.0	/	/	/	/	27.0	/	/	27.0	/	30	/
55	丽江	20.5	/	/	/	/	20.5	/	/	20.5	/	5	/
总计		6096.4	5093.1	5.4	46.8	616.8	333.2	1.2	4971.7	539.1	585.6	4034	1341

注：1.表中1～43项中的地铁、轻轨、跨座式单轨、市域快轨、有轨电车项目为国家发展改革委审批项目，1～43项中的有轨电车、磁浮交通线路和43项以后项目均为地方政府审批项目。经国家发展改革委审批的在建项目规模总计5762km，占比94.51%，由地方政府审批的在建项目规模总计334.4km，占比5.49%；

2.含部分2021年当年仍存建设进展和投资发生的当年新投运项目和既有运营项目；

3.景区内旅游观光线、工业园区内仅供员工使用的通勤线路、科研试验线路、珠海有轨电车当年工程暂停无进展的项目不计入；

4.所有建设规划项目均在2021年前已完成的城市如准安、2021年当年车辆无进展不再列入，科研试验线等不承担城市公共交通职能的线路不计入；

5.2021年无自导导向轨道系统、悬挂式单轨、导轨式胶轮系统、电子导向胶轮系统4种制式在建线路。

市域快轨系统制式在建规模的占比也在稳步上升。

2021年全国城轨交通在建线路整体制式结构情况见图1-2。

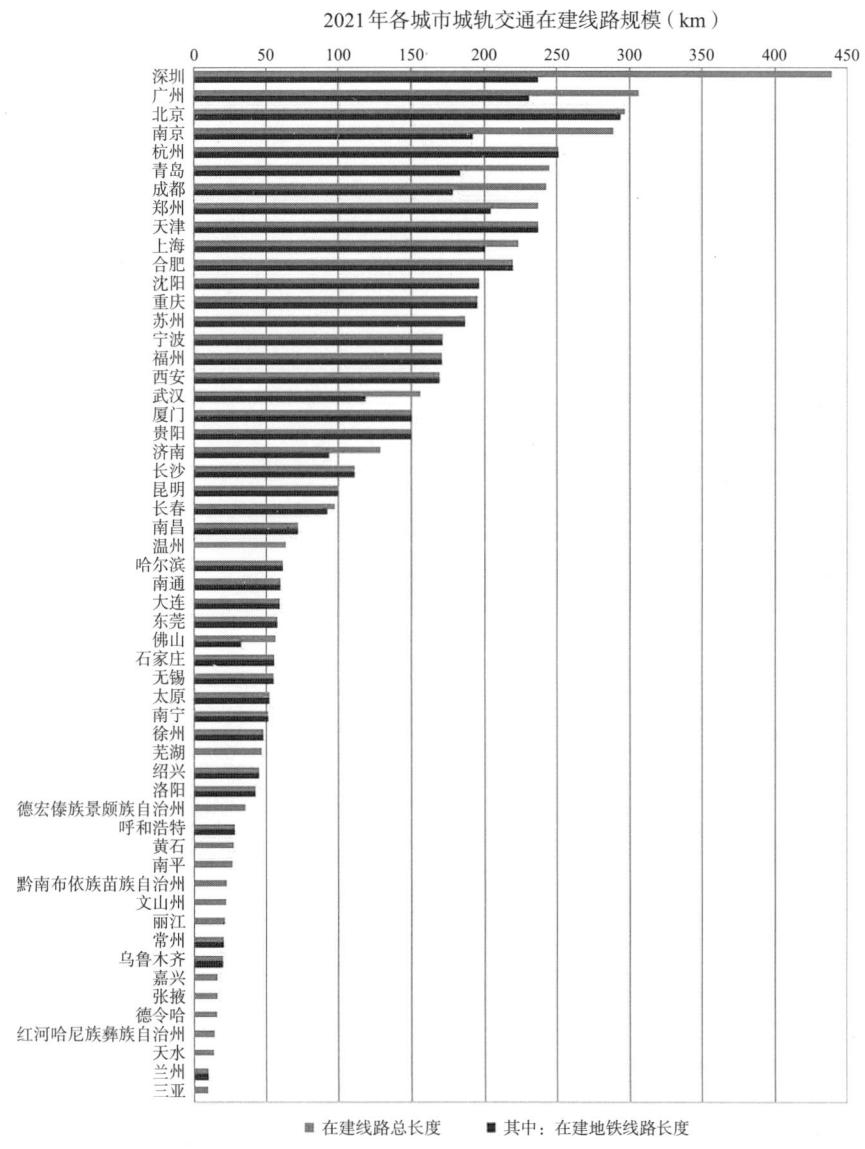

图1-2 2021年全国城轨交通在建线路整体制式结构

从在建线路车站规模来看，据不完全统计，全国在建线路车站共计4034座（按线路累计计算），其中换乘站1341座（按线路累计计算），换乘站占比33.24%，同比增加1.67个百分点。

1.3 规划情况

1.3.1 在实施获批建设规划近7000km

截至2021年底，共有67个城市的城轨交通线网规划获批（含地方政府批复的23个城市）。其中呼和浩特、南宁、芜湖、洛阳、淮安、珠海、三亚、株洲、宜宾、天水10市，截至2021年底已获批所有建设规划项目全部完成建设并投运，渭南市项目调整，2021年有城轨交通线网建设规划并在实施的城市为56个。建设规划批复城市汇总见表1-2。在实施的建设规划线路总长达6988.3km（不含统计期末已开通运营线路），各城市城轨交通规划线路规模统计汇总见表1-3和图1-3。

城轨交通建设规划批复城市汇总表 表1-2

序号	省级行政区	地/市	备注	序号	省级行政区	地/市	备注
（一）国家发展改革委批复（44个）							
1	北京			23	安徽	芜湖	获批规划已完成
2	天津			24	福建	福州	
3	河北	石家庄		25		厦门	
4	山西	太原		26	江西	南昌	
5	内蒙古	呼和浩特	获批规划已完成	27	山东	济南	
6		包头		28		青岛	
7	辽宁	沈阳		29	河南	郑州	
8		大连		30		洛阳	获批规划已完成
9	吉林	长春		31	湖北	武汉	
10	黑龙江	哈尔滨		32	湖南	长沙	
11	上海			33	广东	广州	
12	江苏	南京		34		深圳	
13		无锡		35		佛山	
14		徐州		36		东莞	
15		常州		37	广西	南宁	获批规划已完成
16		苏州		38	重庆		
17		南通		39	四川	成都	
18	浙江	杭州		40	贵州	贵阳	
19		宁波		41	云南	昆明	
20		温州		42	陕西	西安	

序号	省级行政区	地/市	备注	序号	省级行政区	地/市	备注
21	浙江	绍兴		43	甘肃	兰州	
22	安徽	合肥		44	新疆	乌鲁木齐	

（二）地方政府批复（23个）

序号	省级行政区	地/市	备注	序号	省级行政区	地/市	备注
1	江苏	淮安	获批规划已完成	12		安顺	
2	浙江	嘉兴		13	贵州	毕节	
3		台州		14		黔南布依族苗族自治州	
4	福建	泉州		15		保山	
5		南平		16		丽江	
6	湖北	黄石		17	云南	红河哈尼族彝族自治州	蒙自、弥勒2市
7	湖南	株洲	获批规划已完成	18		文山州	
8	广东	珠海	获批规划已完成	19		德宏傣族景颇族自治州	瑞丽市
9	海南	三亚	获批规划已完成	20	陕西	渭南	项目调整
10	四川	泸州		21	甘肃	天水	获批规划已完成
11		宜宾	获批规划已完成	22		张掖	
				23	青海	德令哈	

注：表中城市排序按照行政区划排列。

2021年各城市城轨交通规划线路规模统计汇总表　　　　表1-3

序号	城市	线路长度（km）	各系统制式线路长度（km）				车站数（座）	
			地铁	轻轨	市域快轨	有轨电车	车站	其中：换乘站
1	北京	294.9	211.6	/	82.1	1.2	131	78
2	上海	278.7	147.9	/	130.8	/	133	49
3	天津	265.5	265.5	/	/	/	157	13
4	重庆	573.1	296.1	/	277.0	/	170	73
5	广州	366.4	352.0	/	/	14.4	193	/
6	深圳	431.9	229.5	/	202.4	/	176	90
7	武汉	174.2	85.6	/	88.6	/	89	42
8	南京	242.5	186.9	/	55.6	/	155	69
9	沈阳	163.4	163.4	/	/	/	121	46
10	长春	125.4	91.9	5.4	28.2	/	85	30
11	大连	84.4	84.4	/	/	/	48	18
12	成都	284.0	176.7	/	39.4	68.0	207	74

续表

序号	城市	线路长度（km）	各系统制式线路长度（km）				车站数（座）	
			地铁	轻轨	市域快轨	有轨电车	车站	其中：换乘站
13	西安	155.6	155.6	/	/	/	103	36
14	哈尔滨	13.5	13.5	/	/	/	5	5
15	苏州	142.5	142.5	/	/	/	112	40
16	郑州	191.6	160.3	/	31.3	/	120	53
17	昆明	41.1	41.1	/	/	/	39	15
18	杭州	185.9	185.9	/	/	/	102	46
19	佛山	214.0	199.3	/	/	14.7	124	44
20	长沙	121.3	121.3	/	/	/	84	28
21	宁波	269.6	124.6	/	145.0	/	54	23
22	无锡	84.2	84.2	/	/	/	51	10
23	合肥	185.7	185.7	/	/	/	102	30
24	南昌	31.5	31.5	/	/	/	19	4
25	青岛	260.7	150.4	/	110.3	/	111	47
26	福州	169.5	169.5	/	/	/	92	32
27	石家庄	13.5	13.5	/	/	/	8	2
28	济南	194.6	159.6	/	/	35.0	100	35
29	太原	24.1	24.1	/	/	/	24	7
30	兰州	9.4	9.4	/	/	/	9	5
31	贵阳	101.3	101.3	/	/	/	59	17
32	乌鲁木齐	63.2	63.2	/	/	/	51	14
33	厦门	136.8	136.8	/	/	/	35	22
34	徐州	79.3	79.3	/	/	/	41	15
35	常州	27.1	19.8	/	/	7.3	25	2
36	东莞	127.1	127.1	/	/	/	50	7
37	南通	140.6	59.6	/	81.0	/	45	10
38	温州	99.9	/	/	99.9	/	32	4
39	包头	42.1	42.1	/	/	/	32	1
40	绍兴	44.9	44.9	/	/	/	33	5
41	南平	26.2	/	/	/	26.2	9	4
42	泉州	53.7	/	/	/	53.7	56	/
43	台州	70.5	/	/	/	70.5	73	/
44	黄石	26.9	/	/	/	26.9	30	/
45	安顺	26.9	/	/	/	26.9	32	/

序号	城市	线路长度（km）	各系统制式线路长度（km）				车站数（座）	
			地铁	轻轨	市域快轨	有轨电车	车站	其中：换乘站
46	红河哈尼族彝族自治州	81.2	/	/	/	81.2	102	18
47	文山州	17.2	/	/	/	17.2	18	/
48	德令哈	14.8	/	/	/	14.8	20	/
49	毕节	28.1	/	/	/	28.1	18	/
50	泸州	44.2	/	/	/	44.2	21	/
51	黔南布依族苗族自治州	22.0	/	/	/	22.0	18	/
52	德宏傣族景颇族自治州	35.5	/	/	/	35.5	39	/
53	保山	21.0	/	/	/	21.0	23	/
54	嘉兴	29.3	/	/	/	29.3	26	4
55	张掖	15.6	/	/	/	15.6	6	/
56	丽江	20.5	/	/	/	20.5	5	/
总计		6988.3	4937.3	5.4	1371.5	674.1	3828	1167

注：1.表中1～40项中地铁、轻轨、市域快轨线路为国家发展改革委批复项目，1～40项中的有轨电车线路和40项以后的项目均为地方政府批复项目。国家发展改革委审批项目总6314.2km，占比90.35%，地方政府审批项目总计674.1km，占比9.65%；

2.截至统计期末，已开通运营的线路不再计入此统计表内；

3.截至统计期末，获批情况未公示的项目不计入此统计表内；

4.景区内旅游线路、工业园区内仅供员工使用的通勤线路、科研项目或试验线等不承担城市公共交通职能的线路不计入在内；

5.截至2021年末，无跨座式单轨、悬挂式单轨、磁浮交通、自导向轨道系统、导轨式胶轮系统、电子导向胶轮系统6种制式建设规划在实施。

从线路规模来看，扣除统计期末已开通运营的线路，33个城市有3条及以上的线路建设规划在实施；26个城市建设规划在实施规模超100km，其中，重庆市实施规划项目超500km，深圳市实施规划项目超400km，广州市在实施规划项目超300km；北京、成都、上海、宁波、天津、青岛、南京、佛山8市实施规划项目均超200km。济南、郑州、杭州、合肥、武汉、福州、沈阳、西安8市在实施规划项目均超150km；苏州、南通、厦门、东莞、长春、长沙、贵阳7市在实施规划项目均超100km。

从规划车站来看，据不完全统计，车站总计3828座（按线路累计计算），其中，换乘站1167座（按线路累计计算），占比约为30.49%。

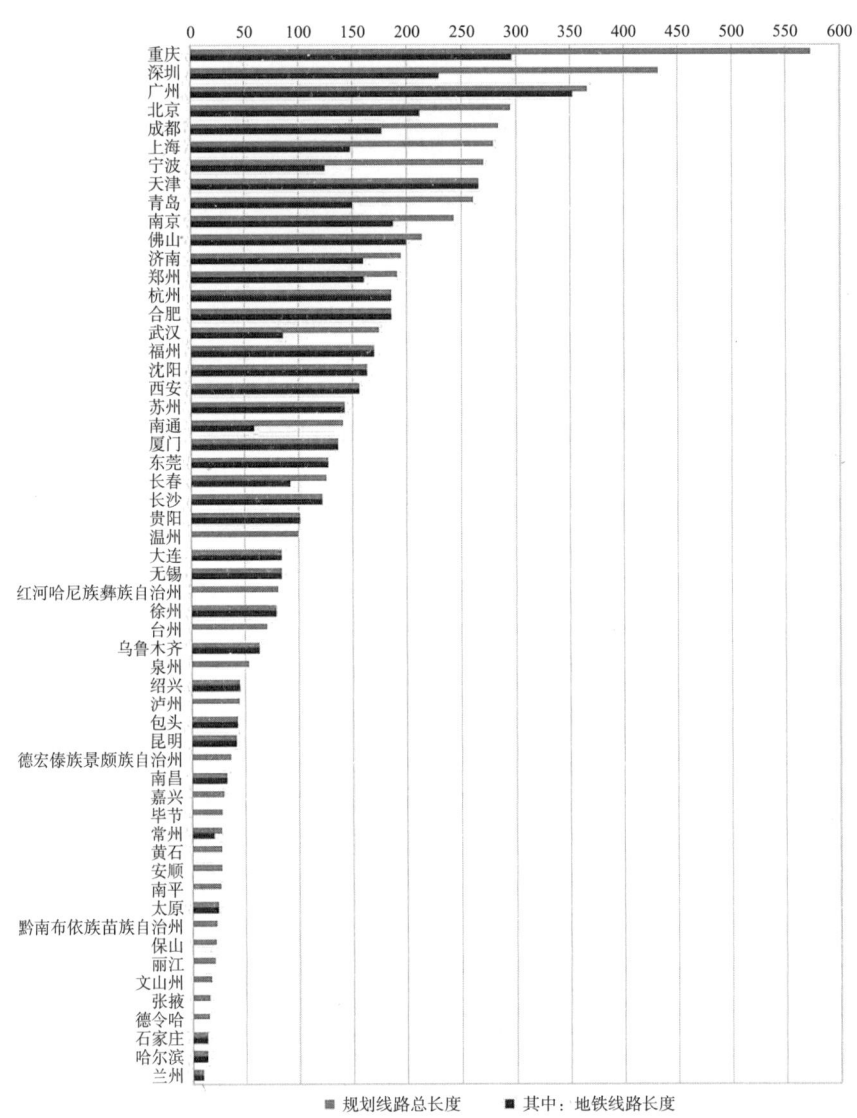

图1-3　2021年各城市城轨交通规划线路规模

1.3.2 地铁制式为主，市域快轨占比明显增长

从系统制式来看，6988.3km的在实施规划线路包含地铁、轻轨、市域快轨、有轨电车4种制式。其中，地铁4937.3km，占比70.64%，同比下降5.94个百分点；轻轨5.4km，占比0.08%；市域快轨1371.5km，占比19.63%，同比上升8.39个百分点；有轨电车674.1km，占比9.65%，同比下降0.68个百分点。2021年度城轨交通已获批在实施规划的线路制式结构见图1-4。

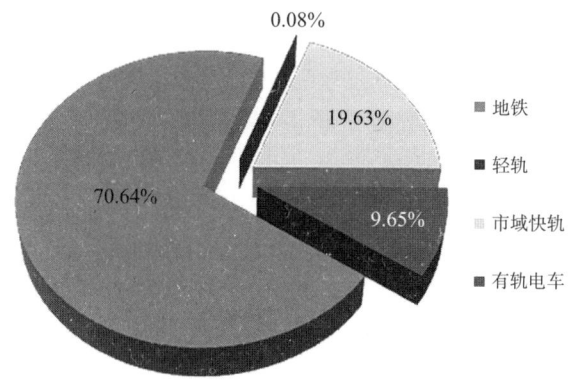

0.08%

19.63%

70.64%

9.65%

- 地铁
- 轻轨
- 市域快轨
- 有轨电车

图1-4 2021年城轨交通已获批在实施规划线路的制式结构

1.3.3 可研批复总投资额同比持平

截至2021年底，国家发展改革委共批复44个城市城轨交通建设规划，呼和浩特、南宁、洛阳、芜湖4市已获批城轨交通建设规划项目已全部完成，其余40个城市城轨交通建设规划在实施项目的可研批复总投资额合计为41839.9亿元。

从可研批复总投资规模来看，深圳、广州2市建设规划在实施项目的可研批复总投资均超过3000亿元，2市总投资合计超7000亿元，占全国建设规划在实施项目可研批复总投资额的16.91%；北京、上海、重庆、南京4市建设规划在实施项目的可研批复总投资均在2000亿元以上，4市总投资合计超9000亿元，占全国建设规划在实施项目可研批复总投资额的21.82%；天津、成都、杭州3市建设规划在实施项目的投资均超过1500亿元；青岛、合肥、武汉、郑州、西安、沈阳、福州、苏州、佛山9市建设规划在实施项目的可研批复总投资均超过1000亿元；另有济南、长春、厦门、长沙、宁波、贵阳、乌鲁木齐7市建设规划在实施项目的可研批复总投资均超过500亿元。

1.3.4 3市新一轮城轨交通建设规划获批

2021年，国家发展改革委共批复佛山、青岛、无锡3市的新一轮城市轨道交通建设规划。批文分别为发改基础〔2021〕31号《关于广东省佛山市城市轨道交通第二期建设规划（2021—2026年）的批复》、发改基础〔2021〕1225号《关于青岛市城市轨道交通第三期建设规划（2021—2026年）的批复》和发改基础〔2021〕1592号《关于无锡市城市轨道交通第三期建设规划（2021—2026年）的批复》。

3市新获批建设规划线路长度共计314.6km，其中地下线286.2km，高架线28.4km。3市新获批项目计划总投资额2233.54亿元。新获批线路系统制式全部为地铁。2021年无城轨交通建设规划调整项目获批。2021年新获批城轨交通建设规划情况具体见表1-4。

2021年新获批城轨交通建设规划汇总表　　　　　　　　　　表1-4

序号	城市	批文	线路名称	起讫点	线路长度（km）		总投资（亿元）	建设期（年）	备注
					总长度	其中：地下段			
1	佛山	发改基础〔2021〕31号	2号线二期	西安站—南庄站	23.5	12.7	122.28	5	关于广东省佛山市城市轨道交通第二期建设规划（2021—2026年）的批复
			4号线一期	时代城站—港口路站	56.0	50.4	389.21	6	
			11号线	容奇渡口站—鹤洞东站	36.3	24.3	260.64	5	
			合计		115.8	87.4	772.13	/	
2	青岛	发改基础〔2021〕1225号	2号线二期	李村公园（不含）—世博园站	8.9	8.9	67.70	4	关于青岛市城市轨道交通第三期建设规划（2021—2026年）的批复
			5号线	麦岛站—云岭路站	32.7	32.7	260.28	5	
			6号线二期（南段）	辛屯路站（不含）—青西站	14.7	14.7	83.02	4	
			7号线二期北段	东郭庄站（不含）—营普路站	12.8	12.8	105.06	4	
			7号线二期南段	兴国路站（不含）—沧口站	3.7	3.7	25.07	4	
			8号线支线	大闸站—泸州路站	18.8	18.8	114.92	4	
			9号线一期	海西村站—供电所站	16.6	16.6	125.90	5	
			15号线一期	下王埠站—四方厂站	30.8	30.8	194.78	5	
			智能维保中心	/	/	/	4.00	2	
			合计		139.0	139.0	980.73	/	
3	无锡	发改基础〔2021〕1592号	4号线二期	博览中心站（不含）—锡士路站	8.6	8.6	59.28	4	关于无锡市城市轨道交通第三期建设规划（2021—2026年）的批复
			5号线	唐城站—新韵路站	28.9	28.9	228.01	6	
			6号线一期	贡湖湿地公园站—广源路站	22.3	22.3	193.39	6	
			合计		59.8	59.8	480.68	/	
	总计				314.6	286.2	2233.54	/	/

注：表中数据来自国家发改委公开批文信息。

2　标准篇

2.1　城市轨道交通工程建设国家、行业标准

　　截至2022年10月，现行城市轨道交通工程建设国家标准27项、行业标准31项（表2-1、表2-2）。

现行城市轨道交通工程建设国家标准信息表　　　　表2-1

序号	标准名称	标准编号
1	城市轨道交通工程项目规范	GB 55033-2022
2	盾构法隧道施工与验收规范	GB 50446-2017
3	跨座式单轨交通设计标准	GB/T 50458-2022
4	跨座式单轨交通施工及验收规范	GB 50614-2010
5	城市轨道交通地下工程建设风险管理规范	GB 50652-2011
6	地铁工程施工安全评价标准	GB 50715-2011
7	城市轨道交通建设项目管理规范	GB 50722-2011
8	城市轨道交通工程安全控制技术规范	GB/T 50839-2013
9	城市轨道交通工程监测技术规范	GB 50911-2013
10	地铁设计规范	GB 50157-2013
11	城市轨道交通结构抗震设计规范	GB 50909-2014
12	城市轨道交通公共安全防范系统工程技术规范	GB 51151-2016
13	城市轨道交通客流预测规范	GB/T 51150-2016
14	城市轨道交通通信工程质量验收规范	GB 50382-2016
15	城市轨道交通无线局域网宽带工程技术规范	GB/T 51211-2016
16	城市轨道交通工程测量规范	GB/T 50308-2017
17	城市轨道交通桥梁设计规范	GB/T 51234-2017

续表

序号	标准名称	标准编号
18	轻轨交通设计标准	GB/T 51263—2017
19	城市轨道交通综合监控系统工程技术标准	GB/T 50636—2018
20	城市轨道交通信号工程施工质量验收标准	GB/T 50578—2018
21	城市轨道交通自动售检票系统工程质量验收标准	GB/T 50381—2018
22	地铁设计防火标准	GB 51298—2018
23	地下铁道工程施工标准	GB/T 51310—2018
24	地下铁道工程施工质量验收标准	GB/T 50299—2018
25	城市轨道交通给水排水系统技术标准	GB/T 51293—2018
26	城市轨道交通通风空气调节与供暖设计标准	GB/T 51357—2019
27	盾构隧道工程设计标准	GB/T 51438—2021

现行城市轨道交通工程建设行业标准信息表　　　　表2-2

序号	标准名称	标准编号
1	城市轨道交通自动售检票系统检测技术规程	CJJ/T 162—2011
2	盾构隧道管片质量检测技术标准	CJJ/T 164—2011
3	城市轨道交通直线电机牵引系统设计规范	CJJ 167—2012
4	城市轨道交通工程档案整理标准	CJJ/T 180—2012
5	城市轨道交通站台屏蔽门系统技术规范	CJJ 183—2012
6	浮置板轨道技术规范	CJJ/T 191—2012
7	盾构可切削混凝土配筋技术规程	CJJ/T 192—2012
8	城市轨道交通接触轨供电系统技术规范	CJJ/T 198—2013
9	直线电机轨道交通施工及验收规范	CJJ 201—2013
10	城市轨道交通结构安全保护技术规范	CJJ/T 202—2013
11	盾构法开仓及气压作业技术规范	CJJ 217—2014
12	中低速磁浮交通供电技术规范	CJJ/T 256—2016
13	中低速磁浮交通运行控制技术规范	CJJ/T 255—2017
14	中低速磁浮交通设计规范	CJJ/T 262—2017
15	城市轨道交通梯形轨枕轨道工程施工质量验收规范	CJJ 266—2017
16	城市轨道交通工程远程监控系统技术标准	CJJ/T 278—2017
17	自动导向轨道交通设计标准	CJJ/T 277—2018
18	地铁限界标准	CJJ/T 96—2018
19	城市轨道交通隧道结构养护技术标准	CJJ/T 289—2018
20	城市轨道交通架空接触网技术标准	CJJ/T 288—2018
21	城市轨道交通预应力混凝土节段预制桥梁技术标准	CJJ/T 293—2019

续表

序号	标准名称	标准编号
22	城市有轨电车工程设计标准	CJJ/T 295-2019
23	地铁快线设计标准	CJJ/T 298-2019
24	城市轨道交通高架结构设计荷载标准	CJJ/T 301-2020
25	中低速磁浮交通工程施工及验收标准	CJJ/T 303-2020
26	地铁杂散电流腐蚀防护技术标准	CJJ/T 49-2020
27	跨座式单轨交通限界标准	CJJ/T 305-2020
28	城市轨道交通车辆基地工程技术标准	CJJ/T 306-2020
29	直线电机城市轨道交通限界标准	CJJ/T 309-2020
30	高速磁浮交通设计标准	CJJ/T 310-2021
31	市域快速轨道交通设计标准	CJJ/T 314-2022

2.2 城市轨道交通产品国家标准、行业标准

截至2022年10月，现行城市轨道交通产品国家标准28项、行业标准35项（表2-3、表2-4）。

现行城市轨道交通产品国家标准信息表　　表2-3

序号	标准名称	标准编号	备注
1	城市公共交通标志 地下铁道标志	GB 5845.5-86	修订中
2	地铁车辆通用技术条件	GB/T 7928-2003	修订中
3	城市轨道交通信号系统通用技术条件	GB/T 12758-2004	修订中
4	城市轨道交通车辆组装后的检查与试验规则	GB/T 14894-2005	修订中
5	城市轨道交通直流牵引供电系统	GB/T 10411-2005	
6	城市轨道交通车站站台声学要求和测量方法	GB/T 14227-2006	
7	城市轨道交通自动售检票系统技术条件	GB/T 20907-2007	
8	城市轨道交通接触网检测车通用技术条件	GB/T 20908-2007	
9	城市轨道交通照明	GB/T 16275-2008	
10	城市轨道交通客运服务标志	GB/T 18574-2008	修订中
11	城市轨道交通内燃调车机通用技术条件	GB/T 23430-2009	
12	城市轻轨交通铰接车辆通用技术条件	GB/T 23431-2009	
13	城市轨道交通安全防范系统技术要求	GB/T 26718-2011	修订中
14	城市轨道车辆客室侧门	GB/T 30489-2014	修订中
15	城市轨道交通直线电机车辆通用技术条件	GB/T 32383-2020	

续表

序号	标准名称	标准编号	备注
16	城市轨道交通机电设备节能要求	GB/T 35553-2017	
17	城市轨道交通用电综合评定指标	GB/T 35554-2017	
18	城市轨道交通能源消耗与排放指标评价方法	GB/T 37420-2019	
19	城市轨道交通再生制动能量吸收逆变装置	GB/T 37423-2019	
20	跨座式单轨交通单开道岔	GB/T 37531-2019	
21	城市轨道交通市域快线120km/h～160km/h车辆通用技术条件	GB/T 37532-2019	
22	城市轨道交通安全防范通信协议与接口	GB/T 38311-2019	
23	城市轨道交通无砟轨道技术条件	GB/T 38695-2020	
24	城市轨道交通车辆永磁直驱转向架通用技术 条件	GB/T 39425-2020	
25	城市轨道交通永磁直驱车辆通用技术条件	GB/T 39426-2020	
26	城市轨道交通中低速磁浮车辆悬浮控制系统技术条件	GB/T 39902-2021	
27	城市轨道交通六轴铰接转向架轻轨车辆通用技术条件	GB/T 40075-2021	
28	城市地铁与综合管廊用热轧槽道	GB/T 41217-2021	

现行城市轨道交通产品行业标准信息表　　　　表2-4

序号	标准名称	标准编号
1	城市公共交通主要经济技术指标综合统计报表 地铁	CJ/T 3046.4-1995
2	城市公共交通经济技术指标计算方法 地铁	CJ/T 8-1999
3	城市轨道交通站台屏蔽门	CJ/T 236-2022
4	φ5.5m～φ7m土压平衡盾构机（软土）	CJ/T 284-2008
5	城市轨道交通浮置板橡胶隔振器	CJ/T 285-2008
6	城市轨道交通轨道橡胶减振器	CJ/T 286-2008
7	跨座式单轨交通车辆通用技术条件	CJ/T 287-2008
8	城市轨道交通直线感应牵引电机技术条件	CJ/T 311-2009
9	城市轨道交通车辆贯通道技术条件	CJ/T 353-2010
10	城市轨道交通车辆空调、采暖及通风装置技术条件	CJ/T 354-2010
11	自导向轮胎式车辆通用技术条件	CJ/T 366-2011
12	高速磁浮交通车辆通用技术条件	CJ/T 367-2011
13	中低速磁浮交通车辆通用技术条件	CJ/T 375-2011
14	地铁与轻轨车辆转向架技术条件	CJ/T 365-2011
15	城市轨道交通直流牵引供电整流机组技术条件	CJ/T 370-2011
16	城市轨道交通设备房标识	CJ/T 387-2012
17	聚氨酯泡沫合成轨枕	CJ/T 399-2012

续表

序号	标准名称	标准编号
18	梯形轨枕技术条件	CJ/T 401—2012
19	城市轨道交通基于通信的列车自动控制系统技术要求	CJ/T 407—2012
20	中低速磁浮交通车辆电气系统技术条件	CJ/T 411—2012
21	中低速磁浮交通道岔系统设备技术条件	CJ/T 412—2012
22	中低速磁浮交通轨排通用技术条件	CJ/T 413—2012
23	城市轨道交通钢铝复合导电轨技术要求	CJ/T 414—2012
24	城市轨道交通车辆防火要求	CJ/T 416—2012
25	低地板有轨电车车辆通用技术条件	CJ/T 417—2022
26	泥水平衡盾构机	CJ/T 446—2014
27	地铁隧道防淹门	CJ/T 453—2014
28	中低速磁浮交通车辆悬浮控制系统技术条件	CJ/T 458—2014
29	城市轨道交通桥梁盆式支座	CJ/T 464—2014
30	城市轨道交通桥梁球型钢支座	CJ/T 482—2015
31	城市轨道交通桥梁伸缩装置	CJ/T 497—2016
32	城市轨道交通车地实时视频传输系统	CJ/T 500—2016
33	城市轨道交通车辆车体技术条件	CJ/T 533—2018
34	有轨电车信号系统通用技术条件	CJ/T 539—2019
35	城市轨道交通计轴设备技术条件	CJ/T 543—2022

2.3《城市轨道交通工程项目规范》

2022年9月，住房和城乡建设部以公告2022年第110号发布全文强制国家标准《城市轨道交通工程项目规范》GB 55033—2022（以下简称《规范》），自2023年3月1日起实施。《规范》由中国城市规划设计研究院作为主编单位，组织20余家权威业内单位、数十位专家，历时7年完成。

《规范》根据国家工程建设标准化改革的要求，按照适应国际技术法规与技术标准通行规则，逐步形成由法律、行政法规、部门规章中的技术性规定与全文强制性工程建设规范构成"技术法规"体系的目标制订。住房和城乡建设部公告明确表述《规范》为强制性工程建设规范，全部条文必须严格执行；现行工程建设标准中有关规定与《规范》不一致的，以《规范》的规定为准。同时废止现行国家标准《城市轨道交通技术规范》GB 50490—2009和全部现行城市轨道交通工程建设标准相关强制性条文。从而使《规范》在城市轨道交通工程建设中具有强制执行的法规属性地位。

　　《规范》为强制性工程建设规范，全部条文必须严格执行。《规范》规定了工程项目保障人民生命财产安全、人身健康、工程安全、生态环境安全、公众权益和公共利益，以及促进能源资源节约利用、满足社会经济管理等方面的控制性底线要求；以总量规模、规划布局、项目功能、性能和关键技术措施五大要素为主要内容；对标国际发达国家技术法规，规定了规划、环保与资源节约应急和公共安全等内容强制性要求；覆盖了城市轨道交通的地铁系统、轻轨系统、单轨系统、有轨电车、磁浮系统、自动导向轨道系统和市域快速轨道系统全部7种制式。《规范》共设6章（表2-5）：

《城市轨道交通工程项目规范》章节名称　　　　　　表2-5

章名	节名
1 总则	
2 基本规定	2.1 一般要求
	2.2 规划
	2.3 杂散电流防护
	2.4 环境保护与资源节约
	2.5 应急设施
3 限界	
4 车辆	4.1 一般规定
	4.2 车体及内装
	4.3 牵引和制动
	4.4 车载设备和设施
	4.5 安全与应急
5 土建工程	5.1 一般规定
	5.2 线路工程
	5.3 轨道与路基工程
	5.4 车站建筑
	5.5 结构工程
	5.6 车辆基地与其他设施
6 机电设备系统	6.1 供电系统
	6.2 通信系统
	6.3 信号系统
	6.4 通风、空调与供暖系统
	6.5 给水、排水系统
	6.6 环境与设备监控系统
	6.7 综合监控系统

续表

章名	节名
6 机电设备系统	6.8 自动售检票系统
	6.9 自动扶梯、电梯系统
	6.10 站台屏蔽门系统
	6.11 乘客信息系统
	6.12 公共安全设施

《规范》是城市轨道交通行业唯一一本强制性标准，是参与城市轨道交通建设与运营的各方主体必须遵守的准则，是管理者对城市轨道交通建设依法履行监督和管理职能的基本技术依据，特别是作为住房和城乡建设部在城市轨道交通工程建设标准领域标准化顶层设计的根本依据，包括城市轨道交通团体标准化必须遵循的最高上位标准。

《规范》的实施必将有力地推动城市轨道交通项目建设和管理的规范化和标准化，使中国城市轨道交通监管向符合国际规则和惯例、建立"技术法规"迈出了重要的一步。

2.4 市域快速轨道交通工程设计标准

国家城乡建设行业标准《市域快速轨道交通设计标准》CJJ/T 314—2022（以下简称《标准》），任务来源于住房和城乡建设部《关于印发〈2008年工程建设标准规范制订、修订计划（第一批）〉的通知》（建标〔2008〕102号）。原确定的名称为《市域快速轨道交通设计规范》，按住房和城乡建设部标准定额司关于统一变更工程建设标准特征名的通知（建标标函〔2017〕140号）要求，现名称改为《市域快速轨道交通设计标准》。历经12年，该标准于2022年4月29日发布，于2022年8月1日正式实施。

1. 本标准适用范围

本标准适用于最高运行速度120～160km/h、采用钢轮钢轨制式的新建、改建、扩建并服务于市域范围内中、长距离客运交通的市域快速轨道交通工程设计。

2. 本标准的主要技术内容

本标准的主要技术内容共包含13个章节，1总则；2术语；3基本规定；4运营组织；5车辆；6限界；7线路；8轨道；9土建工程；10机电工程；11车辆基地；12防灾；13环境保护。

3.本规范与其他快线规范系统制式对照

我国目前市域快线已经开通运营的有温州S1线、北京新机场线、成都轨道交通17、18号线，在建的成都轨道交通19号线、资阳线，这些快线理念基本相同，但所采用的车型有所不同。

对照已经发布的相关市域快线的规划和设计规定，统计见表2-6：

已经发布相关市域快线的规划和设计规定统计表　　　　　　表2-6

名称	主要系统制式特征
《成都市域快速轨道交通设计规范》DB510100/T235—2017 发布单位：成都市质量技术监督局	A⁺型车（地铁A型车标准车体尺寸），120～140km/h，AC25kV或DC1500V，4～5车门、站立标准4人/m²
《市域快速轨道交通设计规范》T/CCES2—2017 发布单位：中国土木工程学会	市域A型（地铁A型车标准车体尺寸）、AC25kV或DC1500V、交流车120～160km/h，直流车120～140km/h。站立标准4人/m²。市域B型（地铁B型车标准车体尺寸）、AC25kV或DC1500V，120～140km/h，站立标准4人/m²。市域D型（地铁A车型车长度，宽度3300mm），AC25kV、站立标准4人/m²
《市域快速轨道交通规划与设计导则》RISN-TG032—2018 编制单位：住房和城乡建设部标准定额研究所	市域SK-A型（地铁A型车标准车体尺寸）、AC25kV或DC1500V、100～160km/h。市域SK-B型（地铁B型车标准车体尺寸）、AC25kV或DC1500V、100～160km/h。如果对铁路有贯通运营要求时，可以采用动车组的相关参数。站立标准根据功能用拥挤度确定，车辆构造强度用额定定义6人/m²、超员9人/m²核算
《市域铁路设计规范》T/CRSC0101—2017 发布单位：中国铁道学会	窄体车—市域A型（地铁A型车标准车体尺寸）、100～140km/h，2～4车门、站立标准定员4人/m²、超员6人/m²，AC25kV供电制式。宽体车—市域D型（地铁A车长度，宽度3300mm），2～4车门，120～160km/h，站立标准定员4人/m²、超员6人/m²，AC25kV供电制式。宽体车—CRH市域型（铁路动车尺寸），2～3车门，120～160km/h，站立标准定员4人/m²、超员6人/m²，AC25kV供电制式
《地铁快线设计标准》CJJ/T 298—2019 发布单位：住房和城乡建设部	A型车（标准地铁A型车）、3～5车门，DC1500V上、下部授流、站立标准4～5人/m²。B型车（标准地铁B型车）、3～4车门，DC1500V上、下部授流、站立标准4～5人/m²
《市域（郊）铁路设计规范》TB10624—2020 发布单位：国家铁路局	市域A型车（地铁A型车标准车体尺寸）、AC25kV或DC1500V、120～160km/h、3～4车门。市域B型车（地铁B型车标准车体尺寸）、AC25kV或DC1500V、120～160km/h、3～4车门。市域C型车（铁路动车尺寸）、AC25kV、120～160km/h、3～4车门。市域D型车（地铁A车型车长度、宽度3300mm、地板面高度同CRH）、AC25kV、120～160km/h、3～4车门

续表

名称	主要系统制式特征
《市域快速轨道交通工程设计标准》CJJ/T 314—2022 发布单位：住房和城乡建设部	市域A型（地铁A型车标准车体尺寸）、AC25kV或DC1500V、DC3000V、120～160km/h、3～5车门 市域B型（地铁B型车标准车体尺寸）、AC25kV或DC1500V、DC3000V、120～160km/h、3～4车门 市域D型（地铁A车型车长度、宽度3300mm、地板面高度同CRH）、AC25kV、3～5车门 站立标准4～5人/m²、根据功能拥挤度确定，车辆构造强度用额定定员4人/m²、超员9人/m²核算

本《标准》采用的系统制式，结合在建项目，按照以下思路控制：

（1）车型采用市域B、市域A及市域D型车三种主要车型，其中市域B型车最高设计速度为120～140km/h（直流车）、120～160km/h（交流车）。

（2）如果与CRH车有贯通运营需求，可以采用市域D型车。车宽3300mm的车型，对大量使用圆区间形隧道的线路，在不增加土建投资的情况下，可以增加运量（新加坡地铁均采用3300mm车宽）。

（3）关于牵引供电制式，本《标准》增加了DC3000V电压等级，采用直流系统3000V等级，对于站间距较大的市域快线，应该较DC1500V等级有一定的优势。

（4）车门数量对上下客时间影响较大，因此在地铁A型车（5车门）、B型车（4车门）基础上，认为最多减少至3车门比较合理。

（5）定员采用4～5人/m²，设计时根据项目功能确定，但车辆构造应该用9人/m²的超员标准核算。

（6）本《标准》不规定直达快车与站站停车的组合运营，因为对运能的损失很大。

（7）根据成都项目研究成果，采用交流车系统的隧道断面，往往是接触网的导高和安装高度控制断面尺寸，而直流车系统断面由空气动力学控制，因此本《标准》不规定阻塞比。

3 勘测篇

3.1 检测技术

随着城市轨道交通线路里程的增加和运营时间的延长，线路的行车安全越来越受到重视，城市轨道交通检测旨在了解受施工影响的城市轨道交通结构现状，为工前、工后结构安全评估提供实测参数，为新建工程设计及施工提供依据，同时为加强既有城市轨道交通设施的维护管理，保证其安全可靠提供数据支持。

检测项目主要包括：结构外观现状调查、结构裂缝检测、渗漏水调查、混凝土强度检测、碳化深度检测、保护层厚度检测、钢筋锈蚀检测、道床结构外观调查、道床与结构底板剥离情况调查、建筑限界测量、轨距与水平情况调查、扣件类型及调高情况调查、扣件各零部件及轨枕完好程度调查、线路平面及纵断面测量。

3.2 统计数据

3.2.1 智力资源

目前每条地铁线路所需检测资质和智力资源如下：

（1）资质要求：地铁建设期检测需具有建设工程质量检测资质和省级及以上质量技术监督局颁发的CMA计量认证合格证书；运营期检测需具有省级及以上质量技术监督局颁发的CMA计量认证合格证书或中国合格评定国家认可委员会的CNAS认可。

（2）人员要求：项目部人员应不少于19名专业技术人员，其中拟任项目负责人1人，试验工程师6人，实验员12人。项目负责人须具有相关专业高级工程师职称，具有建设行政主管部门颁发的检测人员证书。

①试验负责人：从事试验检测工作8年以上、有高级职称，具有建设行政主管部门试验检测培训证书。

②岩土工程师：从事检测工作5年以上并具有中级职称，具有注册岩土工程师资格，建设行政主管部门试验检测培训证书。

③结构工程师：从事结构工程质量检测工作5年以上，并具有中级职称，具有二级及以上注册结构工程师资格，具有建设行政主管部门试验检测培训证书。

④试验工程师：从事试验检测工作3年以上，有建筑、建材、公路、市政等相关专业工程师及以上技术职称，具有建设行政主管部门试验检测培训证书。

⑤实验员：从事试验检测工作3年以上，具有建设行政主管部门试验检测培训证书。

3.2.2 技术装备

根据全国开展轨道交通建设城市的安全监测项目情况，各实施检测单位大多采用国内现行先进仪器设备，仪器设备的自动化程度、检测精度都较高，能够节省大量人力资源及费用。城市轨道交通检测项目设备配备，以工作量大小、施工进度计划和检测技术要求为依据，主要检测设备及仪器见表3-1。

主要检测设备及仪器一览表　　　　　　　　　表3-1

序号	仪器设备名称	规格型号	功能用途
1	裂缝宽度测试仪	ZBL-F130	测量裂缝宽度
2	裂缝深度测试仪	KON-FSY	测量裂缝深度
3	混凝土回弹仪	ZBL-S260	测量混凝土强度
4	混凝土钢筋检测仪	ZBL-R650	测量钢筋位置
5	钢筋锈蚀检测仪	ZBL-C310A	测定钢筋锈蚀情况
6	非金属超声检测仪	ZBL-U520	测量裂缝深度
7	游标卡尺	/	测量裂缝深度
8	手持式激光测距仪	Disto-D3	测量空间距离
9	混凝土碳化深度测量仪	ZC3-A	测量混凝土碳化深度
10	裂缝显微镜	EL35	测量裂缝宽度
11	电子水准仪	DINI03	测量高程
12	全站仪	TS11 1″ R1000	测量平面

序号	仪器设备名称	规格型号	功能用途
13	手持GPS	Forerunner 405	辅助检测
14	手电筒、反光筒、警示牌、发电机、灯泡、反光衣、安全帽等照明和其他安全设施等		安全设施、夜间照明设施、电源
15	卷尺、锤子、螺丝刀、扳手等常用工具		常用工具

3.3 主要城市情况

目前建设期检测在全国43个地铁建设城市有序开展，根据地铁建设规模，分为三种模式：

（1）建设单位委托进行检测，监理平行检测，质监站抽检，如重庆等城市；

（2）施工单位委托见证取样等检测，建设单位按一定比例抽检，监理平行检测，质监站按一定比例核查检测，如北京等城市；

（3）施工单位委托见证取样等检测，监理平行检测，质监站负责监督管理工作。

3.4 政策剖析

3.4.1 城市轨道交通检测政策剖析

3.4.1.1 法律法规文件

（1）《城市轨道交通初期运营前安全评估管理暂行办法交运规〔2019〕1号》。

第三条　城市轨道交通所在地城市交通运输主管部门或者城市人民政府指定的城市轨道交通运营主管部门（以下统称城市轨道交通运营主管部门）负责组织第三方安全评估机构实施本行政区域内的初期运营前安全评估工作。第三方安全评估机构应当按照城市轨道交通初期运营前安全评估技术规范开展评估工作。

第四条　城市轨道交通工程项目未经竣工验收合格不得开展初期运营前安全评估，未通过初期运营前安全评估不得投入初期运营。

（2）《广州市城市轨道交通工程质量监督与验收管理办法穗建规字〔2019〕2号》。

第九条　建设单位应在编制工程概（预）算时，单独计列工程质量检测费用，确保专款专用。建设单位应当在项目实施前，委托具有相应检测资质和能力的检测机构实施工程质量检测。委托检测机构的数量及其变更等应当符合相关规定。

第十二条　建设单位应按照本办法第九条规定，委托工程检测机构实施地基基础、主体结构、建筑节能等重要工程实体质量和主要使用功能的检测，并在项目实施前组织设计、施工、监理、检测等单位编制城市轨道交通工程结构实体质量和重要使用功能检测方案，经各方签字确认后作为开展质量检测的依据，并留置现场备案。

工程检测机构应按已确认的检测方案实施检测，未经确认的方案不得作为实施检测的依据。

(3)《交通运输部关于加强城市轨道交通运营安全管理的意见》(交运发〔2014〕201号)规范安全保护区管理。合理划定城市轨道交通安全保护区范围，制定相关管理办法，建立安全保护区巡察制度，组织开展安全保护区巡察，对可能危及运营安全的情形，应当予以制止并及时报告相关行政主管部门或地方人民政府进行处理。

(4)《关于保障城市轨道交通安全运行的意见》(国办发〔2018〕13号)明确了保护区范围内作业时的有关程序要求，对作业影响区域进行动态监测。明确保护区作业巡查有关要求，加强城市轨道交通线路保护。对危害城市轨道交通设施设备运行、影响运营安全的禁止性行为进行规定。

(5)《城市轨道交通运营管理规定》(中华人民共和国交通运输部令2018年第8号)中第三十条要求，在城市轨道交通保护区内进行下列作业的，作业单位应当按照有关规定制定安全防护方案，经运营单位同意后，依法办理相关手续并对作业影响区域进行动态监测。

◇ 新建、改建、扩建或者拆除建（构）筑物；

◇ 挖掘、爆破、地基加固、打井、基坑施工、桩基础施工、钻探、灌浆、喷锚、地下顶进作业；

◇ 敷设或者搭架管线、吊装等架空作业；

◇ 取土、采石、采砂、疏浚河道；

◇ 大面积增加或者减少建（构）筑物载荷的活动；

◇ 电焊、气焊和使用明火等具有火灾危险作业。

3.4.1.2 主要技术标准

(1)《城市轨道交通设施结构检测技术规程》DB 11/T 1167；

(2)《地下防水工程质量验收规范》GB 50208；

(3)《建筑结构检测技术标准》GB/T 50344；

(4)《钢筋保护层厚度和钢筋直径检测技术规程》DB11/T 365；

(5)《回弹法检测混凝土抗压强度技术规程》JGJ/T 23；

(6)《超声法检测混凝土缺陷技术规程》CECS 21；

(7)《混凝土结构工程施工质量验收规范》GB 50204；

(8)《混凝土强度检验评定标准》GB/T 50107；

(9)《混凝土结构设计规范》GB 50010；

(10)《混凝土结构现场检测技术标准》GB/T 50784；

(11)《穿越城市轨道交通设施检测评估及监测技术规范》DB11/T 915；

(12)《城市轨道交通工程测量规范》GB/T 50308；

(13)《国家一、二等水准测量规范》GB/T 12897；

(14)《工程测量标准》GB 50026；

(15)《城市轨道交通设施养护维修技术规范》DB 11/T 718；

(16)《地铁设计规范》GB 50157；

(17)《地铁限界标准》CJJ 96；

(18)《城市工程地球物理探测规范》CJJ/T 7。

3.5 发展与趋势

3.5.1 我国城市轨道交通勘测技术发展历程

城市轨道交通工程勘测技术的发展，一方面依赖勘测技术本身的发展，另一方面与城市轨道交通工程施工技术的发展相辅相成，密切相关；回顾和总结我国城市轨道交通工程勘测技术几十年的发展历程，大致可分为起步、发展、完善和提升阶段。

3.5.1.1 起步阶段

城市轨道交通工程勘测技术是伴随着新中国的城市轨道交通工程建设事业的起步发展共同成长起来的。1965年7月，我国的第一条地铁线路在北京动工兴建，也掀开了城市轨道交通勘测工作的新篇章。当时的勘测工作主要以工程地质钻探和简易的工程测绘为主，测绘仪器以光学经纬仪、水准仪、小平板、算盘和计算尺等近代测量装备为主，勘测工作主要服务于工程建设前期。勘测工作的内容主要是为工程设计和施工提供地层和地形图资料。勘测工作处于起步和摸索阶段，没有相应的技术标准可供执行。

3.5.1.2 发展阶段

进入20世纪90年代以来，随着经济的快速发展，我国进入城市轨道交通工程建设的快速阶段。勘察工作从最初的工程地质钻探进入岩土工程体制，除了提交地层资料外，增加了许多岩土问题分析；岩土工程勘察工作内容拓展到工程地质勘察、水文地质勘察、地质灾害评估、协同作用分析、数值模拟计算、岩土咨询等。工程测量从简单地形测绘发展到地形图、管线图测绘、线路初测和定测、控制网测量、施工放样测量、贯通测量、铺轨和设备安装测量、竣工测量、规划验收测量。测量仪器以GPS、全站仪、电子水准仪为代表的现代测绘仪器和计算机等先进计算工具得到了广泛使用。同时，逐步建立起城市轨道交通岩土工程勘察体系和工程测量体系。

20世纪90年代中期，建设部委托北京城建勘测设计研究院作为主编单位，与国内几家具有一定地铁勘察经验的勘察单位着手编写国家标准《地下铁道、轻轨交通岩土工程勘察规范》GB 50307和《地下铁道、轻轨交通工程测量规范》GB 50308，标准于1999年编写完成，并正式发布实施。这两个国标的出台，使得我国城市轨道交通勘测工作有了技术标准依据，不仅填补了我国地铁建设勘测工作无据可循的空白，而且在规范我国地铁建设勘测工作方面起到了积极的推动作用。

3.5.1.3 完善和提升阶段

进入21世纪，随着我国城市轨道交通高速、大规模发展，新开工建设地铁的城市往往建设经验不足，在建设过程中存在诸多安全隐患。在此情况下，我院在工程勘察和工程测量的基础上，开始推行运用第三方监测和工程检测技术，实现了勘测综合技术与城市轨道交通建设的无缝衔接。该项技术扩展了工程勘测工作内容，也将工程勘测工作领域延伸到城市轨道交通建设规划、设计、咨询、施工、运营等各个阶段。

这一时期，岩土工程勘察与工程测量技术标准均完成了新一轮的修订工作，分别更名为《城市轨道交通岩土工程勘察规范》和《城市轨道交通工程测量规范》。同时住房和城乡建设部委托我院主编《城市轨道交通工程监测技术规范》，并于2013年9月正式发布。监测技术规范的出台，不仅延伸了工程勘测工作内容，也将工程勘测工作贯穿到地铁设计、咨询、施工、风险管理全过程、全方位、多角度为地铁建设与管理提供服务和支持。

3.5.2 国内外城市轨道交通勘测技术对比

当前国外城市轨道交通工程监测管理的划分还没有达到我国目前监测行业的细致程度，监测作业只是工程安全保障的一部分，国外未实行第三方监测制度，其只在我国各城市轨道交通建设过程中实行。国外的监测技术等作业手段多处于半自动化状态，离不开人工参与的半自动化半人工化阶段，系统化、集成化、智能化水平还未达到，但各个国家在这个方向上也都在开展深度研发。一些发达国家对于单体的监测项目监测技术方法，采用的仪器都处于领先水平，仪器稳定性高，这与其生产工艺有关，国内部分厂家仪器还停留在小作坊、模仿的功利时代。

3.6　问题及建议

3.6.1　城市轨道交通勘察行业发展面临的主要问题

（1）勘察的专业地位有待进一步提升，作为工程建设的先导，技术作用重要性不够突出，专业的影响力有待提升。

（2）技术标准管理有待进一步加强，技术标准体系繁杂和不协调现象仍很突出；一些新的技术应用缺乏适用的标准指导；标准编制的前瞻性、实用性研究有待进一步加强。

（3）城市轨道交通勘察外业工作技术发展缓慢、设备更新缓慢；应用新技术、新方法仍不够充分。

（4）不少企业在内部管理、分配制度、薪酬激励、企业文化等方面存在短板。现代企业制度仍需大力推进，通过体制、机制创新推进企业发展的动力仍显不足。

（5）企业创新能力和核心竞争力仍需进一步增强，勘察企业为轨道交通发展、为业主提供高水平、高质量技术服务的理念仍未完全确立；优化勘察、精细勘察等方面的创新能力有待加强；勘察产品的附加增值效益未得到有效发掘。

（6）市场监管方法有待进一步创新；诚信体系建设基础仍显薄弱；市场环境仍需进一步净化，地方保护现象仍很严重。

（7）部分城市勘察费用大幅低于取费标准，市场不规范、技术投入低、生存环境差；部分城市项目收款困难。

（8）目前勘察工作从外业采集、内业处理，到提资、归档，各环节信息化工作开展得较为独立。各环节间信息的流动无法做到无损传递。

3.6.2　城市轨道交通勘察行业发展问题对策分析及建议

（1）树立企业创新主体意识，坚持创新驱动发展的核心理念，将创新融入行业改革发展，稳步推进行业管理创新、技术创新、业态创新，增强企业适应新形势的能力和核心竞争力。

（2）加强质量安全管理，进一步加强质量与安全监管力度，注重全过程质量安全控制，推动采用信息化手段加强勘察全过程管理，不断强化企业和勘察人员的质量责任主体意识，确保建设工程勘察质量安全。

（3）加强人才队伍建设，坚持"人才强企、人才兴业"原则，进一步完善适应企业改革发展特点的人力资源管理与激励机制，创建多层次人才培养平台、事业平台、竞争平台和服务平台，激发各类人才创业、创新、创效的积极性和主观能动性。

（4）提高服务水平，遵循行业客观规律，参照国际惯例，加快勘察设计及咨询业务结构调整，促进勘察设计咨询全过程协调发展。

（5）完善技术标准，适时调整技术标准，提高建设工程的质量、安全及使用年限；规范行业技术标准管理体系，建立技术标准适用性评价机制，以确保标准的适时立、改、废，促进标准的统一和协调。

（6）推进新兴技术应用，大力推进信息化、数字化、网络化、大数据等新兴技术普及和应用，落实电子签名、签章及存档问题。

（7）加快信息化建设，整合资源，建立实用、高效的基础数据库，提高项目的信息化技术应用水平；大力推广和普及建筑信息模型（BIM）技术，支持相关软件等信息技术产品研发和推广应用。

（8）完善招标投标监管方式，强化国有资金投资项目招标投标监管，加大资格审查环节的监管力度，引导企业有序竞争；推行电子招标投标，完善专家评估制度，加大社会监督力度。评标中重点评估投标人能力、业绩、信誉以及方案的优劣，不得以压低收费、增加工作量、缩短周期等作为中标条件；加大对建设单位压缩合理勘察设计周期等行为的监管力度。

（9）改革勘察计价模式，深化勘察收费制度改革，建立符合国情和工程勘察设计特点的计价模式，推行优质优价；完善优化勘察激励办法，鼓励优质优价。

（10）完善个人执业资格管理制度，规范执业行为，强化执业责任，维护执业者合法权益；建立和完善注册执业人员自律机制，加强执业行为监管；健全执业责任追究机制，加大对人员业绩、从业行为、诚信道德、社保关系等要素的动态监管力度，杜绝注册执业人证分离。

（11）完善行业诚信体系建设，推进企业、人员、项目三大基础数据库建设，建立信用信息共享机制，加大信息公开共享力度；完善行业诚信体系建设，建立诚信行为信息管理办法，开展诚信评估，加强对企业和注册人员诚信行为的监管，引导诚信评估成果的市场应用；完善企业、注册人员不良行为认定标准，建立健全统一、有效的行业守信激励和失信惩戒机制。

3.6.3 城市轨道交通测量行业发展面临的主要问题

轨道交通工程测量在建设过程中发挥着极其重要的作用，但是测量行业在发展的过程中也面临一些制约因素。从行业发展的宏观角度出发，目前城市轨道交通行业发展面临四大困境：

（1）行业定位不准。目前各城市委托的专业测量队伍缺乏统一的标准，并且有的城市没有专业的第三方测量主体。这就导致各地测量单位发挥的主体功能不同，定位五花八门，个别地方重视不够。

（2）资金投入不足，影响测量人员的稳定。近年来由于人力物力的成本上升，测量成本大大增加，但许多城市每公里测量费用的投入不升反降，这就导致测量技术优秀人才留不住，难留住，导致测量队伍不稳定，给隧道贯通带来隐患。

（3）测量技术创新使用仍然缺乏动力。测量行业大部分的技术革新依托仪器设备的革新，由于成本的增加，仪器设备售价以及信息系统技术集成费用也随之上升，传统测量人员难以接受新事物，导致技术应用受阻。

（4）技术人员培养有待加强。进一步完善测量专业的人才体系建设，推动注册测绘师在行业中发挥重要作用。

（5）目前测量工作从外业采集、内业处理，到提资、归档，各环节信息化工作开展得较为独立。各环节间信息的流通无法做到无损传递。

4　规划篇

4.1　概述

2021年为国家"十四五"开局之年，总体看全国宏观经济保持恢复态势，固定资产投资增长较快，我国城市轨道交通的规划建设也保持着快速发展的态势。

2月，中共中央、国务院印发《国家综合立体交通网规划纲要》，第一次在中央层面确定了国家中长期交通网规划建设要求。《纲要》明确到2035年国家综合立体交通网实体线网总规模合计70万km左右。京津冀、长三角、粤港澳大湾区、成渝地区双城经济圈等重点城市群率先建成城际铁路网，其他城市群城际铁路逐步成网。推动干线铁路、城际铁路、市域（郊）铁路融合建设，并做好与城市轨道交通衔接协调，构建运营管理和服务"一张网"，实现设施互联、票制互通、安检互认、信息共享、支付兼容。

3月，《中华人民共和国国民经济和社会发展第十四个五年规划和2035年远景目标纲要》全文印发，阐明国家战略意图，明确政府工作重点，引导规范市场主体行为，是我国开启全面建设社会主义现代化国家新征程的宏伟蓝图，是全国各族人民共同的行动纲领。在加快建设交通强国方面，提出推进城市群都市圈交通一体化，加快城际铁路、市域（郊）铁路建设，构建高速公路环线系统，有序推进城市轨道交通发展。明确"十四五"城市群都市圈轨道发展目标，新增城际铁路和市域（郊）铁路运营里程3000km，基本建成京津冀、长三角、粤港澳大湾区轨道交通网。新增城市轨道交通运营里程3000km。

3月，国务院办公厅转发国家发展改革委等单位《关于进一步做好铁路规划建设工作意见》的通知，为进一步推动铁路高质量发展，明确总体要求、加强规划指导、合理确定标准、分类分层建设、有效控制造价、创新投融资体制、防范化解债务风险等具体要求，提出要按照需求导向、效益为本的原则，编制城际、市域（郊）等区域性铁路发展规划，科学论证项目建设时机和方案。统筹推进干线铁路、城际铁路、市域（郊）铁路和城市轨道交通多网融合、资源共享、支付兼容，具备条件的线路尽快实现安检互信、票制互通。严禁以新建城际铁路、市域（郊）铁路名义违规变相建设地铁、轻轨。

6月和12月，国家发展改革委分别印发《长江三角洲地区多层次轨道交通规划》（发改基础〔2021〕811号）和《成渝地区双城经济圈多层次轨道交通规划》（发改基础〔2021〕1788号），分别从多层次网络融合、枢纽衔接体系、一体化融合运营等方面提出了具体重点任务。要求加快城市群和都市圈轨道交通网络化，进一步提升轨道交通服务水平、推进现代综合交通运输体系构建、推动支撑引领区域一体化快速发展。

11月，中国城市轨道交通协会正式印发《城市轨道交通发展战略与"十四五"发展思路》研究报告。报告系统分析了城市轨道交通高质量发展的内涵，从行业层面对城市轨道交通现状和形势进行了研究、提出了总体发展战略、重点发展方向及政策建议等多维度发展思路，强调构建中国特色的城市轨道交通体系，旨在指导"十四五"期间我国城市轨道交通行业高效率运行、高品质服务和高效能治理，推动我国构建安全、便捷、绿色、高效、经济的新一代智慧型城市轨道交通。

总体来看，2021年国家在城市轨道交通的规划引领方面，要求进一步加强四网融合发展，加快规划建设一体化融合的多层次轨道交通网络，有力支撑交通强国建设。在轨道交通规划建设政策上进一步优化调整，铁路、城市轨道都要加强规划引导、防范债务风险、与实际需求相匹配，促进轨道高质量发展。

4.2 规划统计数据

自2003年国办发81号文颁布至2021年末，据不完全统计，中国轨道交通建设项目获国家发展改革委批复的城市为44个，已批复的轨道线网规模约11966km，从历年批复的线网规模来看，2018年以前整体呈现波动增长态势，2018年后受52号文政策影响，批复规模有所放缓。2021年国家发展改革委从严从紧、严控地方债务风险，进一步加强对"十四五"期间城市轨道交通规划建设的指导，2021年共批复315km。

至2021年末，从各城市已获批复的城市轨道交通建设规划总规模来看，北京、上海、广州、成都、武汉、深圳、天津7市均超过了500km，其中北京超过1000km，上海、广州超过700km。杭州、重庆、西安、青岛、苏州、郑州、南京、合肥、宁波、长沙、济南、大连、厦门、长春、佛山15个城市已批复规模介于200～500km之间。10个城市获批建设规模在100～200km，其余12个城市获批规模小于100km（图4-1、表4-1）。

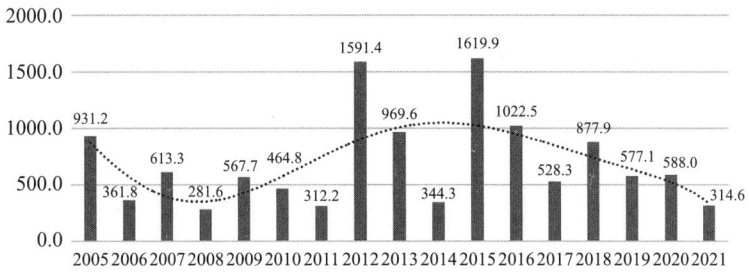

图4-1 历年国家发展改革委批复建设规划规模（单位：km）

内地城市已获国家批复城市轨道交通建设规模汇总表 表4-1

序号	城市	总批复规模（km）
1	北京	1003.7
2	上海	925.7
3	广州	716.5
4	成都	674.0
5	深圳	654.5
6	武汉	587.2
7	天津	511.7
8	杭州	453.2
9	重庆	451.4
10	西安	386.9
11	青岛	375.4
12	苏州	353.6
13	郑州	325.7
14	南京	315.7
15	合肥	280.0
16	宁波	278.7
17	长沙	263.5
18	济南	241.4
19	大连	235.2
20	厦门	234.9
21	长春	221.2
22	佛山	218.0
23	昆明	187.6

序号	城市	总批复规模（km）
24	无锡	172.8
25	贵阳	170.1
26	福州	166.8
27	南昌	160.0
28	温州	156.5
29	徐州	146.3
30	东莞	126.9
31	南宁	126.1
32	沈阳	118.0
33	乌鲁木齐	89.7
34	哈尔滨	89.6
35	兰州	81.8
36	石家庄	80.4
37	南通	59.6
38	常州	53.9
39	呼和浩特	51.4
40	太原	49.2
41	芜湖	46.9
42	包头	42.1
43	洛阳	41.3
44	绍兴	41.1

注：数据来源为2005年至2021年底国家发展改革委正式批复文件。

　　2021年国家发展改革委会同住房和城乡建设部，共批复3个城市共314.6km的线网规模。批复的建设规划分别为2021年1月7日，佛山市城市轨道交通第二期建设规划（2021—2026年）共115.8km；2021年8月19日，青岛市城市轨道交通第三期建设规划（2021—2026年）共139.0km；2021年11月8日，无锡市城市轨道交通第三期建设规划（2021—2026年）共59.8km。

4.3 年度批复建设规划

4.3.1 佛山

1.轨道交通线网规划

当前佛山市执行的是2017年批复的《佛山市城市轨道交通线网规划修

编》，根据规划远期2030年佛山轨道线网由11条线组成，线路总长度约445km，其中市域骨干线6条293.5km，市区加密线2条71.1km，外围补充线3条80km。规划提出至远景年，中心城区公共交通机动化出行占比达到60%，轨道交通占公共交通出行比例达到60%。

2.轨道建设规划

截至目前国家批复的徐州市轨道交通建设规划共2期，当前执行的是2021年1月批复的《佛山市城市轨道交通第二期建设规划（2021—2026年）》，2021年至2026年，建设2号线二期、4号线一期、11号线共3个项目，2期规模115.8km，其中佛山市境内110.8km，广州市境内5.0km。根据规划至2026年，佛山市将形成6条运营线路，总规模252.4km的轨道交通网络。

4.3.2 青岛

1.轨道线网规划

当前青岛市执行的是2020年批复的《青岛市城市轨道交通线网规划调整（2019年）》，根据规划远期2020年青岛轨道线网由15条线组成，线路总长度约661km。远景年规划线网总规模872km，共19条线路（含2条支线），其中9条线路为普线395.2km，10条为轨道交通快线476.8km。整体线网构建了"三城三网、网间互联"的网络架构，实现环胶州湾中心城区的三城联动。规划提出至远景年，公共交通出行占全方式出行比例达到45%，轨道交通占公共交通出行比例达到50%。

2.轨道建设规划

截至目前，国家批复的青岛市轨道交通建设规划共3期（含调整），当前执行的是2021年8月批复的《青岛市城市轨道交通第三期建设规划（2021—2026年）》，2021年至2026年，建设2号线二期、5号线、6号线二期、7号线二期、8号线支线、9号线一期、15号线一期等共7个项目，3期规模新增共139.0km。根据规划至2026年，青岛市将形成10条运营线路，总规模370.7km的轨道交通网络。

4.3.3 无锡

1.轨道线网规划

当前无锡市执行的是2020版《无锡市城市轨道交通线网规划（2019—2035）》，根据规划无锡市城市轨道交通远期线网由8条线路和1条支线组成，总规模297km。远景新增4条轨道线，形成12线1支的线网结构，总规模420km。规划提出2035年市区轨道出行占公共交通出行总量的50%以上。

2.轨道建设规划

截至目前，国家批复的无锡市轨道交通建设规划共3期，当前执行的是2021年11月批复的《无锡市城市轨道交通第三期建设规划（2021—2026年）》，2021年至2026年，建设4号线二期、5号线、6号线共3个项目，3期规模59.8km。根据规划至2026年，无锡市将形成6条运营线路，总规模172.7km的轨道交通网络。

4.4 发展与趋势

4.4.1 加快推动"十四五"城市轨道交通规划建设高质量发展

1.发展阶段转变要求轨道交通规划理念调整提升

党的十九届五中全会提出，"十四五"时期我国经济社会发展要以推动高质量发展为主题，进入新时代我国社会主要矛盾已经转化为人民日益增长的美好生活需要和不平衡不充分的发展之间的矛盾，发展中的矛盾和问题集中体现在发展质量上，切实提高发展质量才能满足人民对美好生活的需要。

我国社会主要矛盾的转变对城市轨道交通高质量发展提出了新要求，轨道交通需求从"走得了"转变为如何"走得好"。原来单纯的安全可达、方便快捷已难以满足乘客的出行需求，特别是新冠肺炎疫情发生后，列车满载率已引起各方的高度关注。人民群众对城市轨道交通安全、效率、舒适、经济、个性化和定制化的要求越来越高，出行品质日益成为关注重点。

同时，新一轮国土空间规划体系的改革也是应对我国经济发展模式、发展理念和目标等需求矛盾变化的积极响应，是新时代生态文明背景下的一项综合性社会治理变革。以往规划更加偏重城市经济发展，导致国土空间其他要素如生态、农业空间等受到严重侵蚀和影响。新国土空间规划要落实中央"准确把握新发展阶段、深入贯彻新发展理念、加快构建新发展格局"的要求，推动国土空间的高质量发展，为国家发展规划落地实施提供空间保障。

国土空间规划的全面均衡可持续发展新理念，要求轨道交通规划要促进空间高品质发展、促进生态文明建设、实现人和自然和谐相处，"全域全要素"研究生产、生活、生态三者之间的关系，综合研究轨道交通与国土空间规划"三区三线"关系，符合生态空间格局，遵循耕地保护要求。

2.存量时代背景要求轨道交通规划手段改变优化

2021年我国常住人口城镇化率达到64.7%，第三产业增加值占国内生产总值比重达到53.5%，两个关键数据表明我国城市发展将由"增量扩张为主"进入"存量更新为主"的新阶段。我国将从过去的快速粗放发展时代，进入到存量减量化精细发展阶段，很多城市已经或者即将进入存量甚至减量发展时代，上海市明确提出要实现规划建设用地总规模负增长；北京市提出用地减量提质和集约高效利用；广州市国土空间规划草案提出严控国土空间开发强度，设定土地资源消耗上限。

随着我国部分城市开始进入存量规划阶段，城市用地规模和范围不再有大的调整和变化，但是内部的空间组织关系和交通需求仍处于结构变化和持续增长的过程中。城市交通系统包括轨道交通规划需要在更为有限的空间资源约束下，引导空间开发、支撑城市社会经济活动正常运行和有序组织。

基于存量规划时代的未来城市精明增长和高品质发展要求，轨道交通规划应更加关注功能强化、服务提升、存量优化等高质量目标，更多采用"提质增效"规划手段，持续提升城市空间承载力和空间组织效率，从设施规划转向服务和政策规划。

3.应更加注重满足以"人"为核心的轨道交通服务需求

我国城市轨道交通历经50多年的发展，开通城市数量、线网规模、客运量等指标均高居世界前列。截至2021年底，共有50个城市开通城市轨道交通运营线路283条，运营线路总规模达到9200km。上海、北京已形成超过800km的超大线网规模，成都、广州、武汉、南京、深圳等均已形成超过400km的骨干网络，其他大城市也相继完成骨干线路的建设。

从实际发展来看，城市轨道交通网络规模虽然快速增长，但轨道交通建设与城市功能脱节、缺少快线、运能不足、换乘不便、接驳设施不完善等问题普遍存在，导致居民使用轨道交通出行的时效性、便捷性、舒适性等服务水平低，降低轨道交通吸引力，城市轨道交通服务质量需要进一步提升。

城市轨道交通规划建设已经进入从重速度、重规模的快速发展方式转向追求高质量、高效率的发展阶段，规划中应更加注重满足以人为核心的轨道交通服务需求，在传统规划的基础上，加强站点周边接驳设施一体化规划、站点周边用地融合发展规划，提高轨道枢纽周边综合开发利用水平，引导交通设施与各项城市功能有机融合。

4.4.2 统筹政策—财政—发展需求因地制宜推进轨道交通建设

1.强化客流和经济效益的精准决策分析

2021年底，国家相关部委在原52号文基础上，对"十四五"期间城市轨道交通规划建设实施提出具体细化要求，以严控债务风险为前提，进一步严格要求对客流评估、上轮建设规划完成情况、线路与人口匹配性等建设审批条件。

当前，我国轨道交通建设资金主要还是依赖政府财政，尚未形成完整的轨道交通建设资金筹措、管理和使用机制。个别城市轨道交通建设确实存在过度超前、仓促上马等问题，导致轨道建设运营投资过大、政府财政压力过重，形成了较为严重的政府债务风险。尤其是近3年受疫情影响，各地方财政收入持续偏弱，政府债务规模持续增加。将隐性债务（主要考虑城投有息负债）计入广义政府债务，截至2021年底，我国广义政府杠杆率高达93.5%，已经远超国际警戒线（60%）。

规划应统筹考虑轨道交通建设、运营资金问题，通过建立多层次、多方位、多渠道的融资机制，满足财务平衡的基本要求，防止相互攀比、盲目建设以及片面追求高标准。同时，规划应加强客流预测的精准性，尤其是对初、近期客流通过建立后评估机制，强化对建设规划的决策支撑作用。

2.因地制宜分类推进城市轨道交通建设

2022年7月，住房和城乡建设部、国家发展改革委联合发布《"十四五"全国城市基础设施建设规划》，提出了"十四五"时期城市基础设施建设的主要目标、重点任务、重大行动和保障措施，以指导各地城市基础设施健康有序发展。

轨道交通作为城市基础设施的重要组成，需综合考虑目前国家政策、城市规模分类和轨道发展现状，《规划》明确提出根据城市规模分类推进城市轨道交通建设要求。

统筹考虑重点都市圈轨道交通网络布局，构建以轨道交通为骨干的1小时通勤圈，探索都市圈中心城市轨道交通以合理制式适当向周边城市（镇）延伸。优化超大、特大城市轨道交通功能层次，合理布局城市轨道交通快线，统筹建设市域（郊）铁路并做好设施互联互通，提高服务效率。I型大城市应结合实际推进轨道交通主骨架网络建设，并研究利用中低运量轨道交通系统适度加强网络覆盖，尽快形成网络化运营效益；符合条件的Ⅱ型大城市结合城市交通需求，因地制宜推动中低运量轨道交通系统规划建设。

4.4.3 市域（郊）铁路/市域快轨发展与趋势

近年来，在中国的规划建设和运营管理实践中，提供都市圈核心圈层与外围圈层轨道交通服务的市域郊铁路存在基于不同运营管理体系的常规市域郊铁路和市域快线两种技术体系，基于铁路发展而来或者需要与铁路实现跨线运营的市域（郊）铁路和基于城市轨道交通技术和管理体系发展而来的市域快线，其技术标准和运行规则存在较大差异。同时，对于城市群发展较为成熟的城际铁路实现公交化运营，同样承担或兼顾了城市通勤服务功能。这是根据中国现行的政策、法规和管理体制所决定的，特别是市域（郊）铁路和城际铁路公交化的功能定位和现实差异不甚明显，更多地体现在规划审批立项名称的差异。其中市域快线均为新建项目，平均站间距以4～6km为主，最高运行速度100～160km·h；市域（郊）铁路既有新建项目也有利旧改造项目，平均站间距一般为10～20km，最高运行速度以120～200km·h为主；城际铁路公交化既有新建项目也有利旧改造项目，平均站间距一般为5～20km，最高运行速度以200km·h为主。

1. 市域（郊）铁路的客流效益与可持续发展

2018年6月《国务院办公厅关于进一步加强城市轨道交通规划建设管理的意见》（国办发〔2018〕52号）明确提出"拟建地铁、轻轨线路初期客运强度不低于每日每公里0.7万人次、0.4万人次"的要求。远期应以《城市轨道交通线网规划标准》GB/T 50546—2018中市域轨道交通快线"客流密度不宜小于10万人·km·(km·d)$^{-1}$"的要求作为规划建设（或开行）市域（郊）铁路客流需求基础进行研究。市域（郊）铁路不管作为经营性项目还是政府主导的准公益性项目，终极的目标是为城市和乘客提供公共交通服务，客流需求是市域（郊）铁路能否可持续发展的根本。虽然政府主导的市域（郊）铁路具有准公益公共交通服务属性，城市政府可以做出规范性和制度性补贴安排。但是，保证市域（郊）路本身具有一定的盈利能力、维持基本的财务平衡是其能否健康发展和持续运营的基础。香港铁路和东京都市圈轨道的"审慎商业原则"值得借鉴，最终实现自负盈亏、自主运营应该是我国市域（郊）铁路发展追求的目标。

2. 城市社会经济发展与市域（郊）铁路空间规划

中国市域（郊）铁路在都市圈核心与外围组团协调发展的案例并不多，根本原因就是我国快速城市化发展进程中并未为市域（郊）铁路规划发展做好空间规划和预留，从而导致了中国市域（郊）铁路发展面临主客流通道上没有市域（郊）铁路经济高效发展的国土空间，只能采用建设和运营成本高昂的地下敷设；或者，勉强规划建设较为经济的具备地上敷设条件的市域（郊）铁路走廊布设，客流条件却不理想，且大部分经济发达地区仅剩走廊一般为城市空间发展管控区域，并不具备远期规划发展前景。

因此，在市域（郊）铁路规划建设中应高度重视与城市国土空间规划的协调，实现城市发展与交通发展的良性互动，应重点关注沿线和站点周边土地利用规划、市域（郊）铁路建设和用地开发时序的协调，以及政府、企业和居民各方利益诉求和平衡，只有做好空间规划的协调和适度超前建设市域（郊）铁路，才能实现经济高效的建设与绿色低碳低成本运维的市域（郊）铁路可持续发展。

3.做好四网融合规划发展，高效便捷的交通衔接，是实现市域郊铁路客流效益的关键

从中国市域（郊）铁路的规划建设实践来看，市域（郊）铁路主要服务都市圈外围圈层主要组团、片区或功能区与中心城市核心城区之间通勤，兼顾商务休闲客流。目前，中国超大和特大城市的城市空间拓展几乎都是由中心城区向市域范围拓展和延伸。因此，城市功能核心区和重要交通枢纽的建设超前市域（郊）铁路的规划建设。已经造成市域（郊）铁路规划建设不是有客流需求就是走廊经济高效但客流效益较差的尴尬局面。因此，欧美和日本等经济发达的资本主义国家都市圈市域郊铁路发展模式并不具有简单的借鉴和参考价值。

在我国已经基本完成城市化进程的超大和特大城市为中心的都市圈，规划建设具有客流效益的市域（郊）铁路的建议是：首先在城市群和都市圈规划发展中高度重视"四网融合"规划，按照国家相关政策文件开展体制机制建设，充分利用铁路资源的经济高效，实现市域（郊）铁路和城际铁路公交化服务，实现铁路和城市双赢局面，这方面北京、上海、深圳、成都等城市已经开展相应的探索和尝试；其次，市域（郊）铁路规划建设必须落实国家相关政策要求，切实做到经济高效建设和可持续运营发展，按照相关政策确定的技术经济标准进行规划建设，通过良好的交通衔接（包括城市轨道交通、常规公交和慢行系统）增加客流吸引范围、提升客流效益；第三，为提升都市圈市域（郊）铁路的服务质量和水平，减少通勤门到门出行时间，市域（郊）铁路应尽可能引入城市功能核心区和重要交通枢纽，减少换乘距离和时间，增强线路的客流吸引力。

4.系统制式、敷设方式和运营管理模式与客流效益并不存在必然联系

从中国轨道交通的发展形势来看，市域（郊）铁路已经成为行业关注的重点和热点。但是，从目前各城市市域（郊）铁路的实践情况看，客流效益差距巨大。统计数据显示，总体趋势是城轨制式的项目客流效益好于传统铁路制式。但是，也有采用城轨制式和运营管理的线路客流效益没有达到预期情况。同样，也有采用全地上敷设的传统铁路制式和运营模式的城际铁路（如广深城际）客流效益在样本中名列前茅且高于市域快线的项目。因此，系统制式、敷设方式和运营管理模式与客流效益并不存在必然联系。

5.敷设方式和系统制式与建设运营的经济性存在必然联系

由于《市域（郊）铁路设计规范》TB 10624—2020给出的技术标准颇为灵活（包括铁路制式和城轨制式，速度目标涵盖100～160km/h）。因此，新建市域（郊）铁路项目的系统制式和技术标准选择是目前研究较多的课题。在国办函〔2020〕116号的指导意见中，明确了市域（郊）铁路新建线路主要技

术经济建设标准。要求合理确定新线敷设方式，原则上以地面建设为主，困难路段可考虑采用高架方式，进出枢纽的个别路段可研究采用地下方式（从目前项目操作角度，除既有铁路改造利用外，新建市域郊铁路能做到地面敷设为主的市域（郊）铁路新建项目非常少见）。系统制式的核心包括车辆选型、牵引供电系统和列车运行控制系统。在从严控制造价的要求下，尽可能采用地上敷设方式是最为直接有效的方式；同时，供电制式和列控系统对地下敷设的市域（郊）铁路经济性也将产生重大影响。因此，对于供电制式与信号列控系统的选择须根据项目实际情况认真研究和慎重决策。

5 设计篇

5.1 市域快速轨道交通发展及工程应用前景

5.1.1 国家发展战略规划

5.1.1.1 区域协调发展总体规划

2018年11月，中共中央、国务院发布的《关于建立更加有效的区域协调发展新机制的意见》提出，实施区域协调发展战略是新时代国家重大战略之一，是贯彻新发展理念、建设现代化经济体系的重要组成部分。党的十八大以来，各地区各部门围绕促进区域协调发展与正确处理政府和市场关系，在建立健全区域合作机制、区域互助机制、区际利益补偿机制等方面进行积极探索并取得一定成效。同时要看到，我国区域发展差距依然较大，区域分化现象逐渐显现，无序开发与恶性竞争仍然存在，区域发展不平衡不充分问题依然比较突出，区域发展机制仍不完善，难以适应新时代实施区域协调发展战略需要。

1.总体目标

到2020年，建立与全面建成小康社会相适应的区域协调发展新机制，在建立区域战略统筹机制、基本公共服务均等化机制、区域政策调控机制、区域发展保障机制等方面取得突破，在完善市场一体化发展机制、深化区域合作机制、优化区域互助机制、健全区际利益补偿机制等方面取得新进展，区域协调发展新机制在有效遏制区域分化、规范区域开发秩序、推动区域一体化发展中发挥积极作用。

到2035年，建立与基本实现现代化相适应的区域协调发展新机制，实现区域政策与财政、货币等政策有效协调配合，区域协调发展新机制在显著缩小区域发展差距和实现基本公共服务均等化、基础设施通达程度比较均衡、人民基本生活保障水平大体相当中发挥重要作用，为建设现代化经济体系和满足人民日益增长的美好生活需要提供重要支撑。

到21世纪中叶，建立与全面建成社会主义现代化强国相适应的区域协调发展新机制，区域协调发展新机制在完善区域治理体系、提升区域治理能力、实现全体人民共同富裕等方面更加有效，为把我国建成社会主义现代化强国提供有力保障。

2.推动国家重大区域战略融合发展

以"一带一路"建设、京津冀协同发展、长江经济带发展、粤港澳大湾区建设等重大战略为引领，以西部、东北、中部、东部四大板块为基础，促进区域间相互融通补充。以"一带一路"建设助推沿海、内陆、沿边地区协同开放，以国际经济合作走廊为主骨架加强重大基础设施互联互通，构建统筹国内国际、协调国内东中西和南北方的区域发展新格局。以疏解北京非首都功能为"牛鼻子"推动京津冀协同发展，调整区域经济结构和空间结构，推动河北雄安新区和北京城市副中心建设，探索超大城市、特大城市等人口经济密集地区有序疏解功能、有效治理"大城市病"的优化开发模式。充分发挥长江经济带横跨东中西三大板块的区位优势，以共抓大保护、不搞大开发为导向，以生态优先、绿色发展为引领，依托长江黄金水道，推动长江上中下游地区协调发展和沿江地区高质量发展。建立以中心城市引领城市群发展、城市群带动区域发展新模式，推动区域板块之间融合互动发展。以北京、天津为中心引领京津冀城市群发展，带动环渤海地区协同发展。以上海为中心引领长三角城市群发展，带动长江经济带发展。以香港、澳门、广州、深圳为中心引领粤港澳大湾区建设，带动珠江—西江经济带创新绿色发展。以重庆、成都、武汉、郑州、西安等为中心，引领成渝、长江中游、中原、关中平原等城市群发展，带动相关板块融合发展。加强"一带一路"建设、京津冀协同发展、长江经济带发展、粤港澳大湾区建设等重大战略的协调对接，推动各区域合作联动。推进海南全面深化改革开放，着力推动自由贸易试验区建设，探索建设中国特色自由贸易港。

5.1.1.2 京津冀协同发展

京津冀协同发展，核心是京津冀三地作为一个整体协同发展，要以疏解非首都核心功能、解决北京"大城市病"为基本出发点，调整优化城市布局和空间结构，构建现代化交通网络系统，扩大环境容量生态空间。

2018年11月，中共中央、国务院明确要求以疏解北京非首都功能为"牛鼻子"推动京津冀协同发展，调整区域经济结构和空间结构，推动河北雄安新区和北京城市副中心建设，探索超大城市、特大城市等人口经济密集地区有序疏解功能、有效治理"大城市病"的优化开发模式。

北京、天津、河北人口加起来有1亿多，土地面积有21.6万km²，京津冀地缘相接、人缘相亲，地域一体、文化一脉，历史渊源深厚、交往半径相宜，完全能够相互融合、协同发展。推进京津冀协同发展，要立足各自比较优势、立足现代产业分工要求、立足区域优势互补原则、立足合作共赢理念，以京津冀城市群建设为载体、以优化区域分工和产业布局为重点、以资源要素空间统筹规划利用为主线、以构建长效体制机制为抓手，从广度和深度上加快发展。推进京津双城联动发展，要加快破解双城联动发展存在的体制机制障碍，按照优势互补、互利共赢、区域一体原则，以区域基础设施一体化和大气污染联防联控作为优先领域，以产业结构优化升级和实现创新驱动发展作为合作重点，把合作发展的功夫主要下在联动上，努力实现优势互补、良性互动、共赢发展。

一是要着力加强顶层设计，抓紧编制首都经济圈一体化发展的相关规划，明确三地功能定位、产业分工、城市布局、设施配套、综合交通体系等重大问题，并从财政政策、投资政策、项目安排等方面形成具体措施。二是要着力加大对协同发展的推动，自觉打破自家"一亩三分地"的思维定式，抱成团朝着顶层设计的目标一起做，充分发挥环渤海地区经济合作发展协调机制的作用。三是要着力加快推进产业对接协作，理顺三地产业发展链条，形成区域间产业合理分布和上下游联动机制，对接产业规划，不搞同构性、同质化发展。四是要着力调整优化城市布局和空间结构，促进城市分工协作，提高城市群一体化水平，提高其综合承载能力和内涵发展水平。五是要着力扩大环境容量生态空间，加强生态环境保护合作，在已经启动大气污染防治协作机制的基础上，完善防护林建设、水资源保护、水环境治理、清洁能源使用等领域合作机制。六是要着力构建现代化交通网络系统，把交通一体化作为先行领域，加快构建快速、便捷、高效、安全、大容量、低成本的互联互通综合交通网络。七是要着力加快推进市场一体化进程，下决心破除限制资本、技术、产权、人才、劳动力等生产要素自由流动和优化配置的各种体制机制障碍，推动各种要素按照市场规律在区域内自由流动和优化配置。

5.1.1.3 粤港澳大湾区融合发展

2019年2月，《粤港澳大湾区发展规划纲要》（以下简称《纲要》）正式发布。粤港澳大湾区包括香港特别行政区、澳门特别行政区和广东省广州市、深圳市、珠海市、佛山市、惠州市、东莞市、中山市、江门市、肇庆市（以下称珠三角九市），总面积5.6万km²，2017年末总人口约7000万人，是我国开放程度最高、经济活力最强的区域之一，在国家发展大局中具有重要战略地位。

建设粤港澳大湾区，既是新时代推动形成全面开放新格局的新尝试，也是推动"一国两制"事业发展的新实践。

《纲要》指出，要构建现代化的综合交通运输体系，畅通对外综合运输通道，构筑大湾区快速交通网络。以连通内地与港澳以及珠江口东西两岸为重点，构建以高速铁路、城际铁路和高等级公路为主体的城际快速交通网络，力争实现大湾区主要城市间1小时通达。编制《粤港澳大湾区城际（铁路）建设规划》，完善大湾区铁路骨干网络，加快城际铁路建设，有序规划珠三角主要城市的城市轨道交通项目。加强港澳与内地的交通联系，推进城市轨道交通等各种运输方式的有效对接，构建安全便捷换乘换装体系。

5.1.1.4 长三角区域一体化发展

2019年3月，政府工作报告指出，将长三角区域一体化发展上升为国家战略，编制实施发展规划纲要。长江经济带发展要坚持上中下游协同，加强生态保护修复和综合交通运输体系建设，打造高质量发展经济带。

长三角区域一体化发展，需要以中心城市引领城市群发展，打造现代化都市圈。长三角地区包括上海、江苏、浙江、安徽三省一市，面积超过了35万km^2，需要突出重点、以中心城市引领城市群发展，打造重点区域。都市圈是城市群的核心，也是突破城市行政边界、促进生产要素跨区域优化配置的更小空间尺度，应加紧研究并适时出台上海、杭州、南京、合肥等都市圈发展的国家级规划，在都市圈内率先突破，加快推出规划对接、改革联动、创新协同、设施互通、公共服务、市场开放等方面的创新举措。

5.1.2 轨道交通行业体系发展

当前世界级城市群配备了高效的一体化交通网络，特别是轨道交通的支撑作用显著：

◆ 对外交通——发达的国际航运体系（空/海港）、高速铁路；

◆ 城市群交通——城际、市郊铁路为主体；

◆ 城市交通——地铁、轻轨、有轨电车为骨架。

轨道交通发展需要与区域发展需求结合，构建多层次轨道网络体系（见图5-1）。

◆ 高速铁路线：300km以上，服务城市群与城市群之间的跨区域出行；

◆ 城际轨道线：100～300km，服务城市群内部城市间的出行；

◆ 都市圈快线：50～70km，服务都市圈通勤出行；

◆ 城市轨道线：20～40km，服务中心城区。

其中，随着城市群的逐步发展、区域内城市间合作交流的扩大以及部分超大城市都市圈的建设，市域快速轨道交通将进入快速发展阶段。

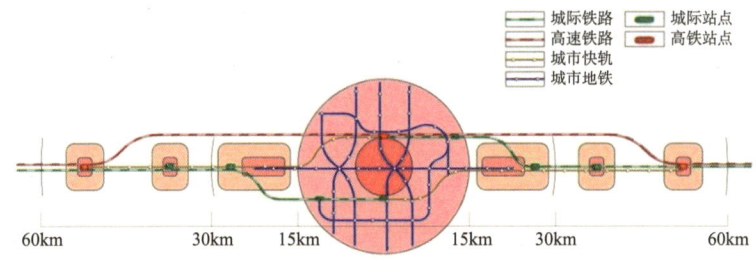

图5-1 多层次轨道网络体系示意图

从世界轨道交通发展来看，当前世界范围内的市域快速轨道交通，采用160km/h及以上高速度等级实现城市间快速通达的线路均在城市外围设站，对于城市核心区服务有限；对于城市核心区直接连通的大运量、高密度服务模式的快速轨道交通线路，没有采用160km/h及以上高速度等级的。

以巴黎RER市域A线为例（见图5-2）。巴黎大区RER市域A线是贯穿巴黎大区东西远郊的城市轨道市域线，由巴黎地铁公司RATP与法国国铁SNCF共同拥有线路与运营，于1969年开通，并逐步延长至今，线路总长109km，其中地下段26km，车站46座，平均站间距2.36km。

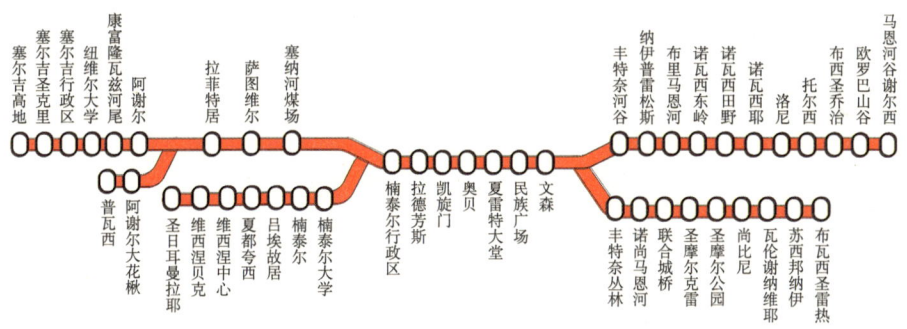

图5-2 巴黎RER市域A线线路图

市域A线大部分运营列车是6辆编组A型车，最高运行速度为100km/h。其运营采用支线贯通运营，特快列车与普通快车共线运营模式，其中特快列车近郊区组团停站较少，主要连接远郊区与中心组团；普通快车连接近郊区与中心组团，停站较多。

从国内轨道交通发展来看，随着我国超大城市第一圈层轨道交通网的完善，轨道交通的建设视野逐渐转向全市域的快速互联，如北京、上海、广州等超大型城市；另一种是由于城市功能中心分散，需要利用轨道交通快速联系城市组团，引导城市发展，如东莞、佛山、温州等城市。当前，国内已运营的城市轨道交通线路，服务范围通常以市区为主，其线路平均长度20～30km，平均站间距通常在1～3km，速度等级多采用80～120km/h地铁制式列车，全程运营时间多在30～60min（公交化运营），旅行速度介于30～50km/h左右，最大开行密度约2～3min，高峰小时客流断面3万人以上。

国内已运营的城际轨道交通线路，作为区域城市群内铁路网，服务范围通常以城际出行为主，其线路平均长度80～100km，平均站间距通常在10km以上，速度等级多采用160～200km/h的铁路制式列车，全程运营时间2～3小时左右，最大开行密度通常在5～10min，主要解决跨城市间的长距离商务出行客流（见图5-3）。

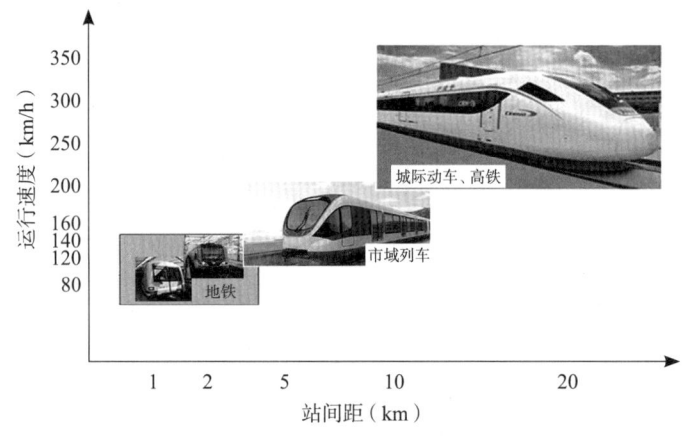

图5-3　轨道交通运行速度与站间距统计示意图

因此，国内市域快速轨道交通系统需求强劲，需要规划建设既能够满足城市及区域快速通行需要，又能够直接服务于城市核心区的大运量高密度地铁运营模式的快速轨道交通系统的成功应用。

5.2 广州市轨道交通十八号线及二十二号线工程概况

2021年9月28日，最高运营速度达160km/h、被称为"粤港澳大湾区"最快地铁的广州地铁十八号线首通段（冼村至万顷沙）正式开通运营，实现了南沙自贸区至中心城区30分钟通达的时空目标，2022年3月31日，姊妹线广州市轨道交通二十二号线首通段正式开通。作为2021年度广州十大民生实事之一，十八号线不仅是连接南北的重要交通走廊，更能大大缓解全国客运量最大线路地铁三号线的客流压力，对推进建设"轨道上的大湾区"具有重要意义，作为国内首条全地下160km时速的地铁市域快线，十八号线与二十二号线的建设无疑是探索创新的过程，率先应用了多个"国内"首次：国内首次在160km/h市域快线；采用刚性接触网供电系统和单相组合式同相供电技术；国内首次采用高速等级高密度CBTC列车信号系统；国内率先采用大带宽光传送网络及云平台搭建通信系统，借助云计算、大数据、宽带无线通信等先进技术，综合运用多种手段为乘客及运营人员提供多维度、全息化的通信服务。

5.2.1 规划背景

粤港澳大湾区，由香港、澳门两个特别行政区和广东省的广州、深圳、珠海、佛山、惠州、东莞、中山、江门、肇庆等珠三角九市组成，总面积5.6万km²，是中国开放程度最高、经济活力最强的区域之一，在国家发展大局中具有重要战略地位。

2017年政府工作报告提出"要推动内地与港澳深化合作，研究制定粤港澳大湾区城市群发展规划，发挥港澳独特优势，提升在国家经济发展和对外开放中的地位与功能"。

2019年2月18日，中共中央、国务院印发《粤港澳大湾区发展规划纲要》。按照规划纲要，粤港澳大湾区不仅要建成充满活力的世界级城市群、国际科技创新中心、"一带一路"建设的重要支撑、内地与港澳深度合作示范区，还要打造成宜居宜业宜游的优质生活圈，成为高质量发展的典范。

《粤港澳大湾区发展规划纲要》提出了构建湾区综合交通运输体系的时空目标，其中：

湾区主要城市：1小时通达；

广州南沙打造："半小时交通圈"。

广州市是广东省省会、珠三角核心城市、国家中心城市之一、国家历史文化名城、我国重要的国际商贸中心、对外交往中心和综合交通枢纽、南方国际航运中心。

南沙新区是国家级新区，是国家粤港澳合作和新型城市化综合示范区，是内地与港澳、国际接轨的服务平台，是珠江三角洲世界级城市群的枢纽性城市，是广州国家中心城市的海上门户。

南沙是广州城市空间重要的南极，继续夯实南拓战略，支撑广州双核双城发展。聚焦南沙新区和自贸区，对于落实"一带一路"国家战略，建设粤港澳大湾区，构建珠三角世界级城市群的枢纽性城市，有着非常重要的意义（见图5-4）。

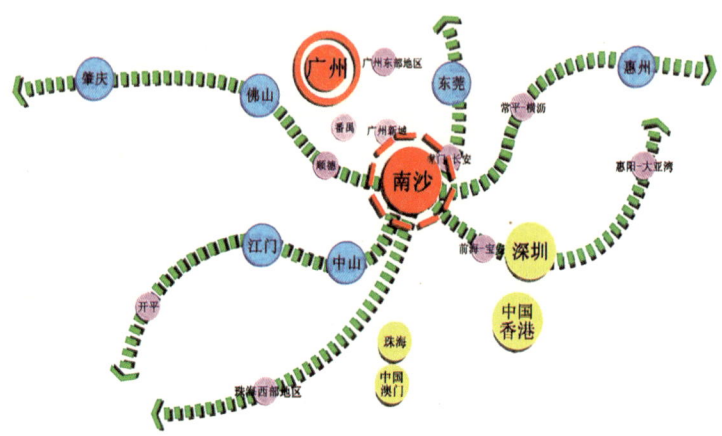

图5-4　南沙新区发展示意图

5.2.2 项目概况

广州市轨道交通十八号线功能定位为南沙快线，实现广州中心城区、南沙新区的快速轨道交通联系，支持南沙新区、南沙自贸区发展，同时连通中心城区线网，补充南北轴向客流走廊，并增强广州东站的综合交通枢纽功能。

广州市轨道交通二十二号线功能定位为南站快线，实现南沙、番禺、荔湾与广州南站的快速轨道交通联系，并增强广州南站的综合交通枢纽功能。

十八号线和二十二号线作为广州市轨道交通线网中的两条市域快轨，承担连通万顷沙、广州南站、广州东站、白鹅潭四大枢纽，辐射琶洲、广州火车站、白云机场三大枢纽，实现南沙副中心（自贸区、新区）至广州中心城区及东站枢纽30分钟的时空目标，将为打造广州成为国家"十三五"规划提出的国际性综合交通枢纽，巩固广州国家重要中心城市地位，实现粤港澳大湾区轨道一体化发展，为引领湾区市域快速轨道交通网络形成提供重要支撑。

十八号线自万顷沙至广州东站，经南沙区、番禺区、海珠区及天河区，全长61.3km，设站9座，换乘站8座，平均站间距7.6km。全地下敷设。

二十二号线自万顷沙至白鹅潭。其中，万顷沙至番禺广场段与十八号线共线运营，番禺广场至白鹅潭段线路全长30.8km，设站8座，换乘站4座，平均站间距4.2km。全地下敷设。

两线均采用160km/h速度等级市域列车，8辆编组，AC25kV架空接触网供电，主要工程特点如下：

（1）满足市域快速出行的时空目标，实现南沙副中心（自贸区、新区）至广州中心区及东站枢纽30分钟可达，至广州南站枢纽25分钟可达，十八号线大快车旅行速度达到120km/h，站站停列车旅行速度达到90km/h；二十二号线大快车旅行速度达到80km/h，站站停列车旅行速度达到70km/h；

（2）最大断面客流量达2.85万人次/h，远期线路延伸后最大断面客流量将达到3.5万人次/h，运量达到大运量轨道交通等级；

（3）采用大站停与站站停组合的公交化运营模式，6动2拖动力列车，中间车设置4个双开门/侧车门，实现快停快启，定员按车厢站席密度4人/m²设计，实现市域快轨与地铁运营服务的双重目标；

（4）采用160km/h下基于无线通信技术的移动闭塞列车控制（CBTC）系统和TD-LTE车地通信技术；越行车站正线与停车线之间设置防火隔墙，实现大站快车高速越站；

（5）采用全地下敷设方式，通过设置疏散救援定点等方式，解决超长大地下隧道区间的火灾和故障救援问题；

（6）采用全流程的BIM技术和装配式施工技术，实现智慧建设管理和运营管理；

（7）采用全寿命周期设计理念，应用智能运维系统，实现车辆、信号的健康管理。

两线作为都市圈大运量高密度快速轨道交通系统，与城市轨道交通、城际轨道交通融合发展，服务城市群多层次轨道交通体系。

十八号线沿线经过南沙区、番禺区、海珠区和天河区，自南向北依次连接了南沙新区万顷沙枢纽、番禺区的番禺广场、海珠区的琶洲片区以及天河区的珠江新城和广州东站，定位为南沙快线，实现广州中心城区、南沙新区的快速轨道交通联系，支持南沙新区、南沙自贸区发展，同时连通中心城区线网，补充南北轴向客流走廊，并增强广州东站的综合交通枢纽功能。

二十二号线沿线经过南沙区、番禺区和荔湾区，自南向北依次连接了南沙新区万顷沙枢纽、番禺区的番禺广场、广州南站地区和荔湾区的白鹅潭地区，带动沿线地区的开发建设，定位为南站快线，实现南沙、番禺、荔湾与广州南站的快速轨道交通联系，并增强广州南站的综合交通枢纽功能。

十八号线与二十二号线的规划建设对于市域快速轨道交通的线网建设具有显著的推动作用，对于市域快速轨道交通的发展具有显著的示范作用。两线将广州重点发展地区南沙区与主城区紧密相连，达到两者之间的快速连接，对于将南沙新区打造为珠三角世界级城市群的枢纽型城市，对国家级新区建设起着举足轻重的作用，对于支持南沙自贸区国家战略，将南沙打造成为粤港澳全面合作示范区，建设具有世界先进水平的综合服务枢纽，打造成国际性高端生产性服务业要素集聚高地，倾力打造世界级大都会起着至关重要的作用。

5.2.3 项目实施的目的和意义

5.2.3.1 落实国家"一带一路"倡议、支撑粤港澳大湾区发展战略

粤港澳大湾区是国家建设世界级城市群和参与全球竞争的重要空间载体，广州是"一带一路"枢纽城市，是落实战略不可替代的经济支撑点。南沙新区作为广州唯一的副中心，是中国海上丝绸之路的起点、粤港澳大湾区地理几何中心、广州都市圈出海口、广州国家重要中心城市的海上门户。十八号线与二十二号线工程自南向北依次连接了万顷沙枢纽、广州南站枢纽、广州东站枢纽和白鹅潭枢纽，通过与轨道交通网络、对外交通枢纽的衔接，充分发挥南沙作为广州国家重要中心城市的海上门户作用，落实国家"一带一路"倡议，有力地支撑粤港澳大湾区发展战略，实现粤港澳大湾区综合交通规划发展。

5.2.3.2 带动南沙国家级新区发展建设，支撑广州市城市总体规划，实现城市"南拓"发展战略

根据"南拓、北优、东进、西联、中调"的发展战略，南沙副中心是广州实施"南拓"战略的龙头。十八号线与二十二号线工程的规划与建设，快速、便捷地将南沙副中心（自贸区、新区）与广州中心城区连接起来。通过市域快速轨道支撑，使南沙副中心与中心城区时空距离缩短至30分钟以内，一方面有力地支持南沙新区和南沙自贸区的建设，另一方面有力地支持中心城区的人口疏解和结构性调整，对于促进广州市的南向发展、南沙新区的建设，有着非常积极重大的意义。

5.2.3.3 构建市域快轨骨干，完善广州及湾区轨道交通网络层级，支持湾区轨道交通一体化发展

广州市未来还将构建多条联系中心城区与机场枢纽、科技枢纽、铁路枢纽，以及与西部佛山及顺德、南部中山及珠海、东部东莞及惠州、北部清远等区域的市域快轨。

十八号线和二十二号线作为广州南北轴线快速骨干线，填补了广州乃至粤港澳大湾区内市域等级快线的空白，进一步完善了广州城市轨道交通线网结构，对于解决广州中心区与外围区域、广州与周边相邻城市间的一体化快速联系提供了全新的解决方案，对于完善粤港澳大湾区轨道网络体系，构建多层次、多制式的轨道交通发展模式发挥了重要作用，促进湾区轨道交通一体化发展。

5.3 广州市轨道交通十八号线及二十二号线工程特点

十八号线与二十二号线作为联系南沙副中心与广州中心城区、东站枢纽的快速轨道交通线路，要求实现全线30分钟直达的时空目标，满足最大客流断面2.85万人次/h（远期3.5万人/h）的输送需求，并须满足穿越核心区密集建筑和居住区的工程及环保要求。

按此目标，采用既有的地铁系统无法满足快速出行的时空目标需求，采用既有的城际铁路系统，无法满足大运量输送、高密度运营以及穿越中心城区的环保要求。为此，工程基于都市圈核心快速连接的时空目标，按照大运量、高密度运营服务要求，达到了兼具高速度等级、大运量、高密度地铁运输服务能力的目标。

5.3.1 国内首次采用兼顾高速度等级、地铁服务模式的160km/h市域快轨车辆，具有载客量大、快速乘降、高密度服务等特点

市域快轨是一种大运量的轨道运输系统，其客流特点为多点密集客流，运距及站间距相比市内地铁线路更长，相比点对点式运输的干线铁路要短，对此类线路的车辆要求大载客能力、大启动加速度及制动性能，而最高运行速度高于地铁、接近于干线铁路。常规的160~200km/h城际铁路车辆载客量有限、加速度及制动性能难以满足快速启停的要求，2对单开车门/辆的设计也难以满足乘客快速乘降的要求，难以适应高密度发车的运营需求。而普通地铁车辆最高速度不超过120km/h，相关的技术参数已不适用于市域线路要求。而广州十八、二十二号线是一条连接都市圈核心的市域快轨，真正实现粤港澳大湾区都市圈的连接，需要充分考虑运量和频繁启动、快速乘降等功能，且都市圈之间都是地下线路，对市域列车功能与技术提出更高要求。

广州地铁十八、二十二号线将进一步结合近几年市域快轨车辆研发制造和运营经验，结合自身项目特点，充分研究符合都市圈大运量快速市域车辆，充分考虑行业现状及技术发展趋势，打造一个安全、经济、环保、舒适、可靠性高的160km/h市域快轨车辆技术平台。

5.3.1.1 快速起停、快速乘降等特点，兼顾高速度等级、地铁服务模式，具有市域快轨列车代表性

广州地铁十八、二十二号线车辆时速160km/h，8辆编组，六动两拖，充分借鉴动车组及地铁技术平台，结合地铁服务水平要求，中间车设4对门，采用横纵结合的座椅布置方式，最大载客量比动车组多出20%左右，具有载客

量大、频繁快速起停、快速乘降等运营特点，更适合市域列车的特点，更具有都市圈大运量高密度市域快轨代表性。

此外，十八、二十二号线全隧道时速160km，运营环境复杂，在国内外都是首创，深入分析全隧道列车气密性与舒适性，研究减振降噪声技术，突破刚性接触网受流技术、解决轮轨动力学、空气动力学、弓网匹配性、列车安全性、可靠性评估技术等系列难题，技术有突破、有创新，具有鲜明的代表性，填补城市轨道交通160km/h市域列车空白。

5.3.1.2 优良的加减速性能，首屈一指的载客能力，充分体现地铁模式的市域快轨特点

十八、二十二号线不同于传统地铁，也不同于高铁、动车组列车，市域列车考虑旅行时间短、旅客出行快捷等因素，采用站站停与大站直达相结合的运营模式，满足都市生活圈的出行需求，具有鲜明的地铁列车服务特点。因此，充分考虑市域车辆快启快停、大载客能力、大开度车门及宽敞车窗等特点，采用轻量化车体，满足强度、刚度、车体耐碰撞性能等方面要求；采用大载重设计，其载客量远远大于动车组载客量；适应不同站间距要求，列车具备快速起停、大功率持续运行等特点，采用了大功率、架控、轻量化的牵引系统方案。保证强大的牵引和电制动性能，确保快速起停，列车牵引平均加速度 $(0\sim160km/h)\geq0.53m/s^2$，远远大于动车组平均加速度 $(0\sim160km/h)\geq0.38m/s^2$，架控式牵引控制方式，保证牵引系统高的冗余性，整列车配备12个独立的转向架动力单元，当一个转向架动力单元故障时，有足够的冗余保证列车依然满足平均加速度 $(0\sim160km/h)\geq0.53m/s^2$ 的要求；中间车设置4对双开塞拉门，车门宽度 $\geq1300mm$，方便乘客到站后快速上下车。根据市域快轨的需求，制定的列车加减速能力、乘降能力、载客能力将是国内外首创，属于国际领先水平。

5.3.1.3 全隧道160km/h运营环境，攻克列车技术难点，打造舒适、安静的列车，满足人民对美好出行的向往

目前，160km/h动车组大多运营在空旷的区域，或其仅部分区间为隧道，对列车客室内的噪声、舒适性等影响较少。

十八、二十二号线采用160km/h全隧道运营，中间车设置四对车门，基于列车车门数量，隧道内气压变化、轮轨噪声、气动噪声、隧道壁面反射等因素，列车技术难度大，需结合隧道真实环境进行仿真计算和试验验证，创新度高，通过动模型试验和风洞试验，进一步验证车辆性能，以实现高规格的"舒适"体验。从密封设计、压力保护以及车门、贯通道、通风系统等部件优化设计方面，系统提升车辆气密性。

基于空气动力学的列车头型优选和优化，采用适用于全隧道160km/h高速运行的流线型头型，从空气动力学的角度择优选取车头造型方案，适用于全隧道160km/h高速运行的流线型头，能够有效地减少空气阻力、列车进出隧道压力波以及减小气动噪声；以隧道内部最真实的运行环境作为研究输入，对车辆越站、过变截面隧道、过通风井和站台时的空气动力学性能进行分析，综合考虑隧道运行环境中，空气动力学效应对头型、断面、通风、空调、设备舱等设计的影响并指导和优化了车辆设计。车下采用全密封设备舱，对车体设备形成良好保护作用的同时，有利于减少列车气动阻力，并能够有效隔离车体设备噪声；通过客室采用压力波控制等技术，能减缓车外压力剧烈波动对车内压力变化的影响，使乘客在乘坐时，不会因为车内压力波动引起耳膜压迫感，乘客体验更佳（见图5-5）。

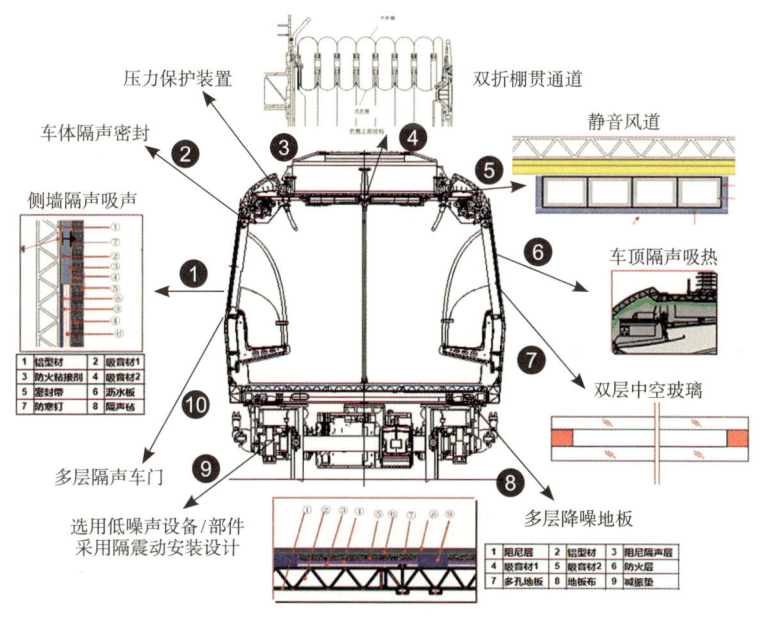

图5-5　列车示意图

5.3.2　国内首次采用适应160km/h市域快轨钢弹簧浮置板轨道系统

轨道交通产生的振动、噪声对环境会造成一定的影响，随着人民生活水平的提高，人们对环境振动的影响越来越关注，轨道交通的减振降噪也引起了各地业主的高度重视。轨道交通减振降噪是一个系统工程，需要轨道、车辆、结构等相关专业相互配合，共同治理，根据所采取减振降噪措施位置的不同，大致可分为振动噪声源减振降噪措施、传播途径减振降噪措施以及敏感点减振降噪措施，国内外普遍认为，采用振动噪声源减振降噪措施最具经济性。

目前适用于设计速度160km/h轨道交通的轨道减振产品主要是隔离式橡

胶减振垫浮置板；广州十八号线及二十二号线创新应用适应160km/h市域快轨钢弹簧浮置板轨道系统，可应对可能出现的环境振动严重超标的恶劣工况，有利于减少轨道交通对线路沿线敏感点的环境影响，提高市民生活品质。同时，随着大湾区等都市圈市域快轨、城际铁路蓬勃发展，市民对快速交通站点入驻中心城区的呼声越来越高，未来将有更多的市域快线、城际铁路进入中心城区，此项目的研究，将为解决市域快轨、城际铁路穿越城市中心问题提供技术储备，意义重大。

创新提出了适用于设计时速160km市域快线的钢弹簧浮置板轨道系统，在既有钢弹簧浮置板轨道系统的基础上进行了多项优化及创新，主要由预制钢筋混凝土轨道板、内置式隔振器、共享式隔振器、中置式剪力铰和在线实时监测系统等组成，可用于特殊减振地段，减振效果可达到13dB以上。

系统采用预制板施工工艺，充分考虑安全性、稳定性及适用性，具有参振质量大、预制浮置板、隔振器刚度及阻尼可调、纵向及横向限位、中置式可更换剪力铰、多级过渡、在线实时监测系统及多重安全保障措施等技术特点。

（1）预留增加隔振器安装空间：通过采用内置式双筒隔振器的方式，预留增加隔振器安装空间，从而进一步提高轨道支撑刚度。

（2）增大隔振器刚度及阻尼：在内置式隔振器内部增加专有的固化材料，提高隔振器的刚度，可提高2倍及以上。

（3）增加超限限位装置：刚性支撑设置于弹簧内部，利用支撑装置限制弹簧的压缩，从而限制浮置板的超限位移。

（4）采用内置式双筒隔振器及共享式隔振器组合的方案，通过调整隔振器数量、钢弹簧数量、刚度等方式，一方面可实现加长过渡段长度，另一方面还可实现刚度多级过渡，确保列车高速、平稳运行。

（5）鉴于钢弹簧浮置板尚无时速160km轨道交通应用案例，为确保其安全，并实时掌握系统各部件受力、位移、变形、加速度等情况，项目研发了一整套在线实时监测系统（见图5-6）。

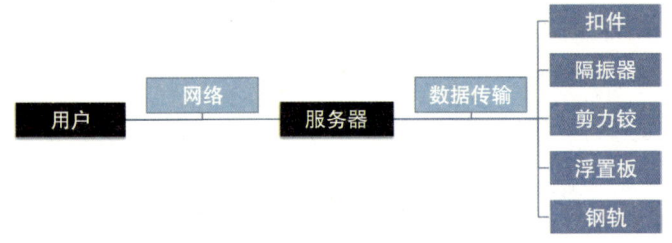

图5-6　在线实时监测系统示意图

5.3.3 国内首次采用高速等级高密度CBTC系统及EUHT技术，实现高密度追踪、局部共线运营条件下的大站停与站站停组合运营的灵活运输组织模式

十八号线自番禺广场段向北平行于既有广州三号线走廊，又分布有传统华南组团多个大型居住区，是广州人口最为密集、出行压力最大的走廊之一。为实现广州与南沙副中心的快速出行，同时满足沿线区域大客流的出行需要，尤其初、近期二十二号线万顷沙至番禺广场段与十八号线共线运营的复杂需求，通过列车性能、信号追踪、行车组织、运行图铺排、乘客服务等多专业复合计算，十八号线和二十二号线最终选定了大站停与站站停组合运营的灵活模式，为不同出行类别乘客提供针对性服务，以同时满足快速运行、大客流输送、便捷乘车的复杂功能需求。

为实现系统的高速度、高密度、大运量服务，主要在如下方面进行了突破创新：

1.国内首次在160km/h速度等级上创新应用高密度CBTC信号系统和TD-LTE车地通信技术，提供最大24对/h的高密度行车服务

常规的地铁信号系统多采用CBTC模式，对应的列车最高运行速度不大于120km/h；常规的城际铁路信号系统多采用CTCS模式，对应的最小发车间隔多在5～10分钟。广州地铁在十八号线和二十二号线工程创新应用CBTC列车控制系统，同时满足运行速度160km/h、列车不降速越行、行车间隔150s的高速度与高密度行车组织要求，以及大站停与站站停组合运营模式的功能需求，均达到了地铁服务水平。

为满足十八号线和二十二号线安全、高效、便捷运输的要求，信号系统功能定位应基于工程的特点和运营需求的实现，兼顾线网规划的统筹。结合工程特点和运营需求，信号系统设备应具备以下能力和功能：

（1）自动化与智能化

在确保运营安全性、可靠性、可用性的前提下，充分体现以人为本的现代控制管理理念，通过采用计算机技术、网络技术、数据传输技术等现代技术，实现最大程度、全方位的自动化和智能化，以提高运营效率，降低工作人员的劳动强度。列车的运行通常由控制中心集中控制。控制中心能对全线列车集中自动控制和自动调整，严格按照预定的时刻表（运行图）组织列车的运行。当列车运行秩序需要调整时，可在最短时间内实现，同时操作人员能随时有效地对列车运行进行人工干预。

（2）标准化、系列化及兼容性

信号系统设备的选型和设计重点考虑了ATS、联锁设备、列控级ATP/ATO的设备功能，并符合标准化和系列化，满足系统分期投入运营的要求。作为轨道交通线网的重要组成部分，工程的信号系统选型与既有已开通运营线路进行信号系统制式比较，系统选型综合了信号系统技术的发展方向，并兼顾轨道交通网络系统制式的兼容性要求。

2. 国内首次在160km/h市域快轨采用EUHT超高速无线通信技术

EUHT（Enhanced Ultra-High Throughput）超高速无线通信技术是结合未来移动通信系统高可靠、低时延、高移动性等需求设计的新一代无线通信系统。EUHT与802.11ac相比，在带宽、容量等基础性能上胜出，在关键技术上更是全面优于对手。这一技术同时拥有上下行全双工信道并拥有基于时分调度的MAC机制，空口效率高。EUHT在设计之初就考虑到应用场景的多样性，系统设计简洁、灵活、高效，具有高吞吐、高可靠、高速移动性、低延时、低成本和低功耗等特点，突破了"移动宽带一体化"的技术瓶颈，具有更好的高速移动适应性、更大的数据传输带宽、更低的空口介入时延和更稳定的网络漫游切换功能。

2017年EUHT在广州地铁知识城支线首次实现时速120km下承载高带宽的无线传输能力，在全球轨道交通领域首次实现全车30路高清视频同时上传控制中心。十八、二十二号线再次应用EUHT技术，将实现时速160km下的高速移动业务传输能力。EUHT技术在地铁实际商业应用环境下，相关关键技术指标已经满足5G技术最重要的高可靠、低时延应用场景技术挑战。随着EUHT技术在十八、二十二号线线路的进一步示范应用，EUHT即将成为城市轨道交通中的"5G"标准。

十八号线、二十二号线定位为市域快轨，各站之间区间跨度大，最大站间距25.9km，列车采用8节编组，时速最高可达160km，根据公安部关于防恐的要求，要求列车车厢之内实现监控无死角，全车摄像机路数达到74路之多，且采用4K高清摄像机，这些需求对车地无线系统的稳定性、高速性、高可靠性的要求就进一步提高。

十八、二十二号线乘客信息显示系统采用EUHT（Enhanced Ultra High Throughput）技术，是结合未来移动通信系统高可靠、低时延、高移动性等需求设计的无线通信系统，在设计之初就考虑到应用场景的多样性，相较于传统无线通信技术，EUHT系统具有设计简洁、灵活、高效和高吞吐、高可靠、高速移动性、低延时、低成本、低功耗等特点。

3.实现市域快轨与地铁线网的无缝衔接和协同运输

（1）实现穿越都市圈城市核心区的高旅速、大运量、高密度运输服务。

开通初期，十八、二十二号线计划实施"Y形交路+快慢车"模式，最高速度160km/h，行车间隔约6～8分钟，发车间隔小，运输组织灵活，服务水平高；同时，结合实时客流预测，可灵活调整行车间隔和运行交路，实施运力精准投放。未来衔接中山、东莞、珠海等城轨网络，将串联大湾区核心城市，为都市圈城市间的乘客快速便捷出行提供有力支持。

考虑乘客长距离出行需求，广州地铁十八、二十二号线在配线设置上合理设置避让线，结合乘客远距离快速出行和短距离出行的客流预测情况，灵活实施快慢车运行，满足不同乘客的差异化出行需求。另外，十八、二十二号线的车辆、信号、轨道、供电等行车关键技术设备相互兼容，满足区域内的互联互通需求，运营时可根据乘客跨线出行的预测情况，组织部分或全部列车区域内跨线运行，减少乘客换乘，提升通达性。

（2）在多个站点实现与地铁线网的无障碍换乘，乘客"一次购票、全网通达"，并实现地铁和市域快轨统一计程票价和服务标准。

广州地铁十八、二十二号线在番禺广场、南村万博、广州东、琶洲西区、广州南等多个站点与既有地铁线网实现无障碍换乘，实现市域快轨与地铁线网"一张网"，乘客一次购票，可实现全网范围内的通达。同时，乘客在乘坐市域快轨时，使用与地铁一致的各种票卡和多元支付方式，可直接刷卡、刷码进出站，即到即走，全程不限坐席、不限车次，根据乘车距离远近分段计算票价，并享受与市内公交换乘优惠。在出行过程中，提供与地铁线网一致的服务和指引，使乘客出行更加便捷。

5.3.4 国内首次在160km/h市域快轨采用全地下刚性接触网供电系统和单相组合式同相供电技术，提高供电可靠性及牵引网服役能力

5.3.4.1 国内首次在160km/h速度等级市域快轨全地下线路应用刚性接触网供电系统

伴随着城市的不断发展，城市轨道交通不断向城市外延伸，站间距越来越长，运营速度越来越快，运能越来越大。根据最新广州市轨道交通线网规划，广州十八号线及二十二号线采用了交流27.5kV输电最高运行速度达160km/h，正线为全地下形式。纵观国内外，工程首次在160km/h市域快轨全地下线路采用架空刚性接触网，AC25kV牵引供电制式，且满足24对/小时高密度运行要求。同时，刚性接触网运营维护便利、故障率低、抗断线能力强，大大提升了工程全寿命周期牵引网服役能力。

随着目前时速的提高和市场的需求，通过对国内外大铁隧道内刚性接触网悬挂系统方案深入调查分析，结合最高时速160km的需求，在已有的刚性悬挂系统方案基础上，总结出160km/h刚性悬挂系统的关键问题。针对各个关键问题，重点研究高速下弓网关系，以弓网关系佳、全寿命周期服役能力强为目标导向，对接触网安装方案、安装精度、接触网设备选型和受电弓选型分别提出需求；通过深入研究刚性接触网悬挂方案，提高国产化率，优化腕臂结构，改良底座接触面，研发适应于滑槽的腕臂安装方案，易于安装和调整。

刚性悬挂相比柔性悬挂有较明显的特点和优势，其结构简单，可靠性高，安装维护方便，节省隧道净占空间，有效地降低了建设及维护成本。因此，在城市轨道交通中，刚性悬挂得到越来越广泛的应用与关注。

研究实践表明，刚性接触网在采用交流供电制式的干线铁路隧道中同样具有很高的应用价值。早在2004年，奥地利Sittenberg隧道刚性接触网通过了最高速度260km/h的列车在线试验，其隧道内使用了Furrer+Frey公司生产的AC15kV刚性接触网；2014年11月17日DB公司的ICE-S测试列车在采用交流刚性接触网的隧道内进行弓网动态测试，试验中最高运行速度达到302km/h，这些经验表明交流刚性接触网具备为速度等级在100km/h以上的机车受电弓提供输电与滑道的能力。在中国的西北部，以青藏高原为代表的高原地区，遍布崇山峻岭，山体巨大且平均海拔较高，为铁路线路隧道的开挖带来了极大的挑战。为了减少线路隧道开挖的工作量，一般采用单线隧道设计，并且由于受隧道净空的限制，电气化铁路中常用的柔性悬挂结构高度需求无法满足，因而采用对隧道安装空间需求较小的刚性接触悬挂是一个不错的选择。将刚性悬挂应用于铁路系统，形成了交流刚性接触网，这样一来可以降低开挖长大隧道的施工难度以及建设成本的投入。此外，由于刚性接触网具有可靠性高、结构简单的特点，因此特长隧道中的交流刚性接触网在运营中可以做到少维护、维修工作量小，而这些优点正是特长隧道维护人员迫切需求的。目前，刚性悬挂作为一种适用于铁路系统在长大隧道中传输电能的新型接触网悬挂方式，在既有线路低净空隧道的电气化改造和长单线隧道的电气化设计中得到越来越多人们的青睐。在国内已经建成通车的特长单线隧道中，有多条特长隧道的接触网形式采用AC25kV刚性接触网，其中最具代表性的三条特长隧道分别是：位于兰新线兰武段全长20.05km的乌鞘岭隧道、位于南疆铁路吐库二线全长22.45km的中天山隧道以及位于青藏铁路西格二线全长32.69km的新关角隧道，这三条隧道的设计速度均为160km/h。

与此同时，随着城市规模不断地快速扩大，人们居住在郊区工作在市区的这一格局正逐渐形成，这使得城市中心区域与市郊或者卫星城的联系越来越紧密，但市郊或卫星城一般离城市中心较远，为了实现人们每天要在一小时内穿越市郊与市中心的需求，需要设计运行速度更快的地铁快线。交流刚性接触网的电压等级较高，相对于直流系统具有更长的长供电臂，适合站间距较大的地铁快线。

5.3.4.2 国内首次在160km/h速度等级上创新应用单向组合式同相供电技术

以广州市轨道交通十八号线和二十二号线工程为依托，开展同相供电技术系统应用研究，针对过分相及其造成的列车速度和牵引力损失问题和以负序为主的电能质量问题提出完整的系统解决方案，该系统可有效减少线路上的电分相，提高系统可靠性；彻底解决电气化铁路以负序为主的电能质量问题，提高牵引供电系统整体技术水平。

高速、重载电气化铁路这种大容量的单相负荷，加大了系统中的负序电流，电压不平衡度严重。目前，牵引传动方式由交直传动向交直交方式过渡，采用交直交方式，无功和谐波问题基本解决，但在相当长一段时期内，原有的大量交直型传动机车仍将继续使用，使得电气化铁路的无功、负序和谐波问题并存。针对牵引供电系统的电能质量问题，主要治理方案如下：

（1）研究全线无断电区牵引供电系统解决方案：结合同相供电技术牵引供电系统供电能力和可靠性的综合指标，容量配置原则，实现组合式拓扑和平衡式拓扑的可靠性与最优容量之间的综合最优匹配方案；确定全线牵引变电所同相供电装置协调控制方案，同时开展基于同相供电技术的牵引供电分区综合保护方案研究。

（2）研究牵引供电系统电能质量、能量调度与管理方案：基于同相供电技术研究负序、谐波和无功的一体化解决方案，确定技术指标和容量配置方案；基于大功率储能技术列车再生制动能量综合利用解决方案，实现牵引负荷的削峰填谷，同时提高牵引供电系统供电可靠性。

提出适用于城市轨道交通AC25kV单相牵引供电的新一代同相供电装置的系统技术方案，明确电路拓扑方案、系统保护方案、成套装置关键技术指标，提出适用于工程应用的同相供电系统技术工程解决方案和系统需求技术规格，提高市域轨道交通牵引供电系统整体技术水平在技术方案、核心设备制造、控制和保护技术上的应用。

与传统牵引供电系统相比，同相供电系统能够产生较为明显的经济效益。以下以单所同相贯通方案为例加以说明，主要表现在：

（1）再生制动能量回收利用，降低能耗

传统牵引供电系统也能够回收利用列车再生制动能量的一部分，另一部分反送回电网。按单所同相后牵引变电所总安装容量40MVA、平均负荷率

25%、牵引变电所能量反馈率2.5%、反馈能量回收利用率80%。

（2）提高可靠性

组合式同相供电系统中，牵引变电所向牵引负荷供电的路径包括单相主牵引变压器和同相供电装置，两者为并联关系。当同相供电装置故障时，相应的断路器跳闸而将其隔离，基本不影响单相主牵引变压器的运行，所有备用的同相供电装置也失效，仅仅使牵引变电所暂时失去负序补偿的能力。所以，无论同相供电装置处于正常还是故障状态，单相主牵引变压器均能为牵引负荷提供电能。因此，组合式同相供电牵引变电所的可靠性等同于传统牵引变电所。

5.3.5 国内率先采用大带宽光传送网络及云平台搭建通信系统，借助云计算、大数据、宽带无线通信等先进技术，综合运用多种手段为乘客及运营人员提供多维度、全息化的通信服务

5.3.5.1 国内率先采用大带宽光传送网，建设线路传输网和骨干传输网

为满足视频集中云存储、线网指挥平台、线网清分中心、线网乘客咨询与信息平台、线网安检平台等业务的大带宽需求，工程在国内率先采用智能光传送网技术（OTN）建设线网骨干传输网容量不小于8000G、线路传输网容量不小于100G的高速传输网络，为各类数据业务开展提供有力支撑。

5.3.5.2 国内首次采用云平台搭建视频监控系统，应用云计算、大数据等先进技术，为乘客及运营人员提供多维度通信服务

为保证城市轨道交通高效运营，工程在国内率先采用云平台搭建视频监控系统，平台采用两级架构：车站级—线网控制中心级，为全线网提供了一个"架构扁平、标准统一"的视频监控云综合管理平台。在平台内，应用云计算、大数据分析等手段，开展智能视频应用；平台外，丰富与集中告警、无线、OA等系统接口应用；通过公网接口，实现向各类终端及手机APP的相关信息共享；综合运用各项新技术及多种手段，为乘客及运营人员提供多维度、全息化的通信服务。

5.3.6 创新应用自主开发BIM项目管理平台、装配式施工等先进技术，采用EPC勘察设计施工总承包模式，实现智慧建设目标

广州地铁十八号线及二十二号线首次采用了勘察设计施工总承包EPC模式，为进一步适应工程总承包模式下的管理工作，广州地铁积极引入先进技术、先进设备、先进工艺和新型材料，更加有效地推进工程建设：

5.3.6.1 基于BIM技术自主开发项目全过程管理平台，打造全过程管理"数字地铁"

十八号线、二十二号线以打造"数字地铁"为目标，以BIM技术为核心，物联网、可视化、大数据、移动互联等新兴信息技术为支撑。全线全专业在施工图设计（包括勘察）、深化设计、项目施工、工程竣工数字化交付，直至运营维护的全过程应用BIM技术，助力工程项目管理和运营维护管理。实现全周期可视化、实时化、高效化与精确化的智慧项目管理。

应用内容既结合了施工现场实际生产需求，也反映了工程项目管理目标，主要包括：三维建模、智能化建模（正向三维设计）研究、三维图纸会审、三维技术及安全交底、虚拟建造、方案模拟、工厂化预制加工、三维激光扫描、基于三维模型的施工放样、航拍、三维实景建模、AR、VR、GIS、生物识别等一系列技术的单点及综合应用（见图5-7）。

图5-7　广州十八和二十二号线建设工程综合监测系统示意图

上述应用的成果及数据都综合集成至自主研发的基于BIM的项目管理平台中，实现设计管理、施工管理、运维信息查询及办公自动化等全过程的管控。

基于BIM的项目管理平台由广州地铁自主研发，主要研发工作包括：

（1）网络结构、系统架构、硬件物理架构以及系统的安全性研究设计。

（2）自主开发三维图形平台，以国际通用标准模型格式IFC为主，可兼容目前市面通用的多种建模软件所建立的模型，不受某一建模软件的限定。

（3）基于4D模型的施工过程动态模拟与分析技术。

（4）BIM与云计算技术和物联网技术融合的研究开发。包括与云存储技术、二维码技术、人脸识别技术、RFID技术、WEB3.0等的融合应用。

（5）基于派工单模式的精细化管控技术：实现派工单综合收集施工所需各

项资源（作业人员、作业空间、设备材料等）、进度情况、质量要求、安全风险及防控措施、档案资料等所有施工计划及实际信息，并控制现场施工的功能。

（6）资源、质量、进度、安全、档案资料、考核、数据共享等的集成管理功能及技术研究开发。

上述项目管理平台将建设行业各类法规、标准规范、管理办法等要求，以及项目管理工作流程等融入系统功能中，提供信息化工具，可由平台自动提醒各参建方在项目推进的各阶段开展相应的工作，并使所有工作按照规范的流程实施，保证参建方在整个工程项目管理过程中"正确地做事"，并记录所有管理行为。

十八、二十二号线通过从施工图设计到竣工工程数字化交付全过程、全专业的BIM及相关技术综合应用，开展工程项目全过程数据采集记录、数据提炼分析，最终实现数据对工程项目管理的支撑，推进"基于数据的地铁工程项目管理"，打造一条规范化、标准化、精细化、信息化的数字地铁线路。

5.3.6.2 绿色环保精细化控制的装配式施工

十八、二十二号线工程线路长、工期短。采用传统施工技术和工艺，将难以按期、高质量完成工程建设任务，为此工程利用BIM技术，充分利用设计施工总承包的优势，采用精细化管理手段，通过装配式施工提高建设质量和建设进度（见图5-8）。

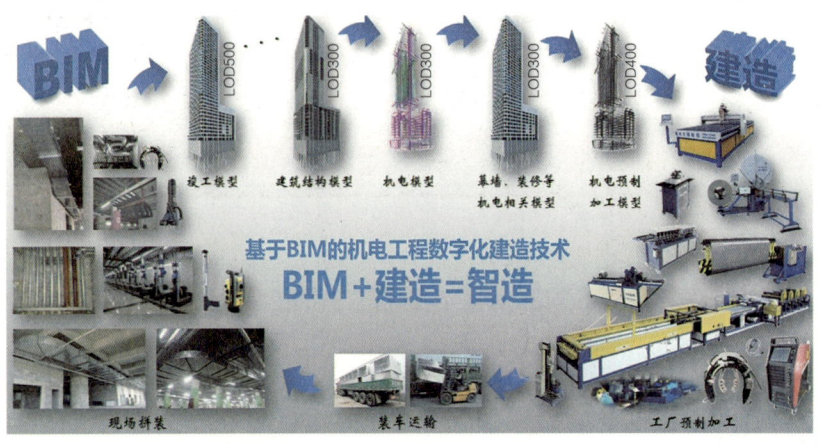

图5-8　BIM技术应用示意图

1.标准化、模数化设计创新

施工图设计初期，积极研究精细化、标准化、模数化设计，如车站建筑布局方案的标准化，车控室、环控电控室、通信设备室、信号设备室、冷水机房设备布置及房间内部设施设置的标准化、管线布设方案的标准化。只有实现设计的标准化才可能实现装配式施工。

车站设备区布置遵循的规律和方法有：

（1）楼梯间、卫生间、风室、管井竖向对位。

（2）设备区用房分类分区集中布置，优先按通风空调配置情况分区，对简化通风空调系统有较大效益，因为风管截面最大、宜尽量减少弯头损失、灵活性较小；优先通风空调，能使整个设备区管线布置最大限度条理化、节材节能。

（3）在考虑管线的同时，注重人性化，例如休息室应尽量靠近公共区，卫生间尽量靠近有人管理用房，缩短人员行动半径。

通过对标准车站的研究，明确建筑方案的整体布局、各类设备房的布置原则、各类设备房内部设备设施的设计原则，特别是车站控制室、冷水机房、环控机房、环控电控室等重要房间，可以实现全线各站模型的统一，建筑设计的标准化、模数化，为实现预制构件的"少规格、多组合"创造了条件。

2.基于BIM的三维设计创新

利用BIM技术进行各专业协同的三维施工图设计，各专业在一个设计平台上进行设计，在设计阶段规避了位置冲突、接口提资等常见问题。施工图设计阶段，结合设备、材料的设计联络成果，完成对各类设备、材料、管线的三维建模，确保施工图设计的准确性。由于车站采用标准化布局，大部分的设备房采用标准化、模数化设计，该类设备房的设计可以照搬相关模型；BIM的三维施工图设计还需结合安装工艺和大型设备运输路径以实现后期装配式施工更加高效。根据项目特点，项目建立了适合工程的完整构配件模型库，包括各类预制混凝土构件、各类管线的三维模型库、各类设备材料的三维模型库。三维施工图设计还包括根据运输路径和安装工作制定的最优化的拆模方案，装配构件的系统化编码，为构配件集中加工提供模型依据。

3.构配件集中采购加工创新

十八、二十二号线的最大优势之一是由中国铁建牵头的总承包项目，总承包项目可以充分发挥总承包部的统筹优势，将装配式建造的各个环节做到实处，项目为了加快工期，保证施工质量，创新采用构配件的集中采购和加工，所有装配式施工的构件均统一采购，集中到工厂加工。

根据各类材料的材质、来源、生产周期，各类构配件工厂加工难易程度、加工周期、异形件数量等都不同。需对构配件进行分类，综合考虑运输成本及现场组装效率，明确构配件工厂化加工成品率。

对构配件工厂实行严格的质量管理，对各类原材料的采购进行严格的质量把关，构配件加工完成后，由监理单位组织出厂验收，将工程现场的质量管控提前至工厂。

构配件的集中工厂加工，使大量施工摆脱了现场施工的限制，将以前大量只能在工程现场完成的施工提前至工厂完成，大大缩减了施工工期。

4.标准化安装工艺创新

项目积极探索标准化安装工艺创新，由于采用了装配式施工，基于高精度的测量手段，现场的施工和安装工艺较传统方式大为改变，各专业之间的安装工序也发生极大调整。

结合项目装配式施工的特点，结合工程现场的要求，重构安装工序，重新制定各专业标准化安装工艺，各专业建立安装工艺标准化手册，从安装的工器具、提升方式、安装方式、安装方法、质量检测等各方面对安装工艺进行标准控制，保证安装质量。

5.高效率装配式施工创新

为全面实现基于BIM的装配式施工应用，提高拼装工艺和效率，在工厂机械化生产的基础上，遵照安装工艺标准化手册，现场采用更加先进的各类运输设备及安装工器具，实现机械化运输和机械化辅助拼装施工。

通过装配式施工创新，不仅节约劳动力，降低人工成本，而且提高了生产效率。利用BIM技术的三维共享平台设计，在设计阶段解决了以往很多只能在施工阶段发现的问题，降低了返工的成本。所有构件工厂化生产，摆脱了现场施工的限制，将以前大量只能在工程现场完成的施工提前至工厂完成，大大缩减了施工工期，通过工厂化统一的质量控制，使质量管理更加精细化。现场的装配式施工，更是杜绝了大量的泥水作业、焊接作业等高污染作业方式，减少了噪声和烟尘，绿色施工统一提升了安全文明施工质量。此外装配式施工后期运营维护的拆卸更换更加方便，助力轨道交通全寿命周期智慧建造的实现。

十八、二十二号线积极探索装配式施工技术，不断在工程实际中总结经验，期望形成一套适合都市圈大运量、高密度、快速轨道交通系统的装配式施工体系。

5.3.7 基于全寿命周期设计，应用智能运维系统，实现车辆、信号的健康管理

广州地铁基于全寿命周期理念，引用大数据及工业互联网技术，通过采集并挖掘海量设备状态数据，建立状态评价导则。依据对设备的日常巡检、在线状态监测、故障诊断和诊断性试验检查所获得的信息，综合判断出设备状态，在设备发生故障前安排检修，改变以往不顾设备状态、"一刀切"地定期安排试验和检修，使得设备运行安全可靠、检修成本合理。

十八号线和二十二号线将通过采用物联网、工业大数据等技术，在城市轨道交通机电系统领域首次构建健康评价体系、关键设备的可靠性模型和剩余寿

命预估模型、关键设备的故障预测模型、状态评价导则、状态检修管理规范，为向更广泛领域推广使用提供可借鉴经验。主要有：

1.依托BIM技术建立线路的数字化GIS模型，实现运营资产和维修的智能化和精准管理

传统城市轨道交通线路交付运营后，竣工图纸和资产移交资料无法形成与现场实物的精准对应，不仅资产管理难度极大，运营维修也常常无法精确定位，造成大量的人力和物力的浪费，尤其在紧急情况下，无法精确定位故障设备地理位置，造成大量时间的浪费，给运营服务带来影响。工程利用BIM技术建立线路的数字化GIS模型，通过三维可视化模拟，建立与现场实物的精确对应，有效提升实物资产管理和运营维修的效率（见图5-9）。

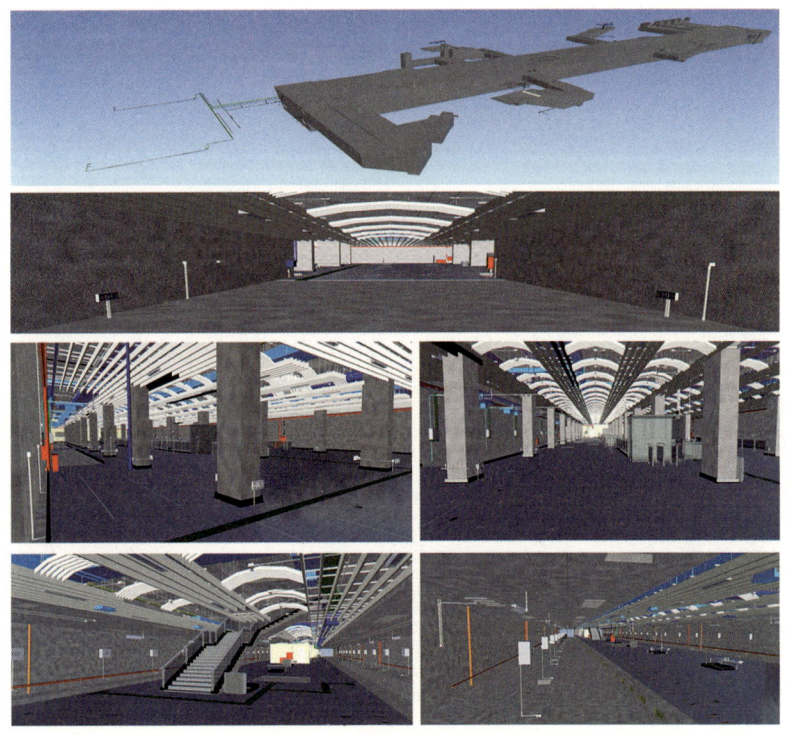

图5-9　车站数字化GIS模型

2.基于健康管理的车辆、信号智能运维系统

目前城市轨道交通业主都在进行智能运维系统研究，但其仅仅是监测系统在线显示，并没有通过数据的积累进行数据挖掘，起到预判的作用。而广州地铁在国家"863"项目及国家工程实验室项目中，已有技术沉淀，可以进行数据监测、数据挖掘分析。

广州地铁十八、二十二号线车辆、信号专业将打造智能运维系统，设有弓网检测系统、走行部监测系统、车顶及车底图像识别系统、轮对探伤系统、轴

承监测系统、信号监测采集系统等，通过对集成轨旁信息、车载信息、车地无线通信、列车检修系统数据的收集、分析、处理，对列车及信号系统实时状态在途监控、并通过大数据分析，挖掘，对故障隐患进行预判，借助强大的智能化感知系统，实时感知列车"健康"状态。运行途中出现异常时，可自动预警和远程维护。同时，借助智能感知系统，能在车辆处于"亚健康"状态时就及时介入维护，也能探测线路状况，指导线路维护，使列车的运行更加安全可靠。智能运维系统的使用，可以提高车辆及信号系统使用率，降低设备全寿命周期运维成本。

通过十八、二十二号线列车智能运维，打造国内首个智能运维系统。不仅仅是实现监测数据在线实时监控，而且还将结合20多年运营经验，将数据进行分析、挖掘，提高列车设备可靠性，提高列车使用率，同时节省人力，降低全寿命周期维修成本。

5.4 小结

广州市轨道交通十八号线及二十二号线是在粤港澳大湾区轨道交通一体化发展的背景下，适应大湾区及城市群区域、介于城际铁路和城市地铁出行距离之间，介于传统城际铁路制式和地铁制式层级之间的一种全新应用，是对国家发展改革委推进市（郊）铁路发展建设政策的具体实践。

市域快速轨道交通将是继干线铁路、城际铁路和城市轨道交通之后最有发展前景的轨道交通制式，具有广阔发展空间。广州市轨道交通十八、二十二号线项目在采用市域快速列车实现高标准时空目标的同时，与城市轨道交通线网紧密结合，实现地铁高密度服务水平，兼具高速度等级、大运量、高密度地铁运输服务多重功能，统筹市域周边与广州市具有一体化倾向、通勤需求较高的毗邻区域，形成典型示范作用，填补了都市圈快速轨道交通网络层级体系和系统制式的国内空白，将为后续国内各大城市群发展、都市圈快速轨道交通线路建设，发挥以点带面的重要示范作用。

6 施工篇

6.1 施工工法应用

6.1.1 上海地铁

6.1.1.1 15号线上海西站—铜川路区间穿越老旧群屋

15号线铜川路站—上海西站区间采用2台盾构机进行施工,自上海西站北端头井下行线推进至铜川路站接收。上海西站—铜川路区间上行线长1177.678m,共981环;下行线长1180.188m,共979环。区间隧道纵曲线呈"V"字坡,最大坡度28‰,最小平面曲线半径349.840m,隧道顶部埋深15.5~26.0m。区间设一座联络通道兼泵站。

区间上行线始发58环、下行线65环后,连续穿越车站新村、曹杨苑、曹杨花苑、真北三街坊几个居民小区。小区内房屋均建于二十世纪八九十年代,房龄已超30年,采用的基础均为条形基础,埋深在2~3m。其中位于隧道正上方的老旧民房共20处,位于隧道施工影响范围内的老旧民房共8处,另有公共建筑共计14处,约8749.5m²。

区间穿越民房等建筑时主要在位于⑤$_{1-1}$灰色黏土层、⑤$_{1j}$灰色砂质粉土层、⑤$_{1-2}$灰色粉质黏土层、⑥暗绿~草黄色黏土层、⑦$_{1-2}$灰黄~灰色粉砂层中掘进,部分地段涉及④$_1$灰色淤泥质黏土层、⑤$_2$灰色粉砂层。房屋基础下方,隧道上方有③$_1$层灰色淤泥质粉质黏土、④$_1$层灰色淤泥质黏土软弱土层,易受施工扰动,盾构推进风险较大。盾构穿越老旧民房施工存在较高的风险,且易造成不良社会影响。

为保证盾构穿越旧房屋群段施工时或施工后,房屋及地层累计沉降值控制在-10~10mm、地层损失率控制在3‰以内、不出现影响建筑物结构安全的裂缝、不对社会生产、生活产生影响,如期、安全完成盾构施工任务。通过精细化全过程管理，信息化施工，政令畅通，并结合工程实际情况进行有效处置，从以下几个方面做起：

1.盾构穿越前准备工作

穿越段民房情况调查：项目部从进场准备工作时就已开始对穿越段小区进行实地摸排调查，通过小区物业、居委会、上海市档案馆调阅该区民房基础信息，并与区间设计图纸逐一核对。每幢房屋信息编制一房一卡，掌握全局情况，合理部署。根据房屋检测报告将穿越段每幢房屋倾斜情况准确标注在图纸中，以整体、直观的形式表现每幢房屋倾斜情况，以便穿越时根据房屋倾斜情况调整掘进参数。根据检测结果，部分房屋的最大倾斜变形值较大，盾构穿越时需重点保护。将沿线老旧居民区按与隧道的相对位置关系、房屋自身情况进行风险划分，便于在施工过程中采取针对性措施，对周边老旧居民区进行有效的保护。

在盾构推进施工过程中，设置监测项目：地面沉降监测在隧道推进方向上，沿轴线每6m（5环）布置一个沉降监测点；每48m（40环）布置一个沉降监测剖面，每一个剖面以盾构轴线为中心，向两侧3m、7m、12m处各设置一个沉降监测点。针对建筑物，在其角点和墙体上布置沉降监测点。

2.穿越施工主要措施

（1）设置穿越模拟段：通过设置穿越模拟段确定穿越施工参数。

区间盾构上行线初掘进58环、下行线初掘进65环时，盾构开始进入穿越房屋区域，设置穿越模拟段。在试验段掘进施工时，首先根据事先拟定的盾构掘进速度、土压力设定值、出土量、同步注浆量、二次注浆量、注浆压力等施工参数进行设定。推进的同时对地面布置的地面沉降及深层沉降监测点进行监测以检查盾构掘进参数的合理性，并根据监测数据对掘进参数进行调整，通过PDCA循环，不断对掘进参数进行优化，以减小对地层的扰动和周边环境的影响。

通过前模拟段取得较为合理的推进参数，进一步明确了理论施工参数与实际施工参数之间的相互关系，在房屋穿越推进过程中，综合考虑理论施工参数、合理的纠偏值、附加荷载及监测报表等，设置合理的施工参数，确保房屋安全。

（2）推进参数控制：土压力控制、同步注浆质量、数量及注浆压力控制、精确控制轴线及盾构姿态。

为便于盾构施工，参照右土压作为推进参数设定依据。随着盾构的推进，土压上下波动剧烈。盾构推进中管片与土体间存在间隙，适量地同步注浆可以有效填充间隙防止地面及建筑物发生沉降。同步注浆浆液进场后由质量员、技术员对浆液的坍落度、泌水率等指标进行测量，凡浆液坍落度、比重等不达标绝不使用，并对浆液留取小样判断浆液凝固时间。盾构穿越民房后若地面一直存在沉降趋势，则对该区段隧道土体进行分层注浆加固，同时考虑先后两次穿越叠加效应。施工范围为隧道周围360°范围内的预留注浆孔，每环15只注浆孔，加固后的土体应有良好的均匀性和较小的渗透系数。隧道推进结束后，根据实测资料，可对变形较大的部分，打开预留的注浆孔进行再注浆，达到控制变形的目的。在第一节台车作业平台上、第五节台车后加设二次注浆作业平台，在管片脱出盾尾后根据注浆指令对隧道上方管片进行二次注浆，初步遏制沉降趋势，并制作注浆推车，可以在不影响推进的情况下进行二次注浆。项目技术人员每日根据对沉降监测数据的分析按需发送注浆指令。二次注浆应采取少量、多次、多点、均匀的方式进行。

穿越过程中，在确保盾构正面沉降控制良好的情况下，尽可能使盾构匀速、直线通过，减少盾构纠偏量和纠偏次数。在盾构推进过程中，应按照"勤测勤纠、小角度纠偏"的原则进行纠偏控制，盾构平面纠偏控制轴线向轴线内侧偏离20mm，以防止隧道外移引起轴线超标。盾构高程纠偏控制盾构轴线向下侧偏离20mm，防止隧道轴线抛高超出警戒值。盾构推进时可在管片环面上粘贴楔形低压棉胶板调整管片姿态，使管片形成微量楔形轴线与设计轴线拟合。

（3）施工监测：严格控制监测精度与及时性、提高监测频率、分析监测数据、加强巡查。

推进过程中任何参数设定均需根据监测数据实时调整，因此监测数据反馈及时将大大减小穿越施工难度。但限于环境、设备、人员因素影响，穿越民房监测无法实现实时传输，但可以通过增加监测频率进行弥补。穿越施工监测为4次/天，第三方监测为2次/天。盾构推进中必须对反馈的数据及时进行整理，通过多次数据比对剔除环境因素造成的干扰项，从中整理出变化规律，为盾构推进参数设定指导方向。若单次监测数据变化过大，在推进参数未调整的情况下，则观察下次变化情况。若连续多次变化明显则及时调整参数。

穿越房屋施工风险极大，因此必须设置专人对穿越区房屋进行巡查，对穿越房屋破损情况进行拍照留存，对房屋穿越前后进行对比，发现当日变化较大点位重点巡查。

（4）其他措施：信息化施工、设备保障、减振降噪、维稳工作。

通过在盾构机安装视频监控系统与通信设备，实时推进数据传输至地面中控室。考虑到盾构停止掘进将造成土压力的释放及土体的扰动，盾构掘进施工将24小时连续作业。施工中相关部门、人员建立微信群保持信息沟通，预留电话号码等联系方式以便24小时联系。中控室设置条通信线路防止因故障导致通信中断。同时还需与各小区居委会保持联系，确保盾构推进中居民的人身安全。监测数据通过建立微信工作群，第一时间共享数据，调整施工参数，纸质报表及时送到中控室。

盾构推进结束之后不要立即拼装，等待2～3分钟之后，待周围土体与盾构机间固结在一起后再进行千斤顶的回缩，回缩的千斤顶满足管片拼装即可。螺栓采取一次紧固，三次复紧的工艺。衬砌出盾尾后，进行第一次复紧，待衬砌出台车位置前，进行第二次复紧。在隧道贯通后进行第三次复紧，螺栓复紧扭矩值大于150N·m。

6.1.1.2 14号线静安寺站超大断面土压平衡矩形顶管推进

1.工程基本情况

14号线静安寺站位于华山路与延安中路交叉路口的华山路下方，沿华山路南北向布置，为地下三层岛式站台车站，与已建成通车的2号线、7号线静安寺站形成三线换乘枢纽（见图6-1）。站台中心处顶板覆土约3m，底板埋深约24m，车站长度约225m，净宽20.54m，共设6个出入口，3组风井车站。车站主体沿线路方向分A、B、C三区，其中B区采用顶管法实施。静安寺站B区分为站台层及站厅层，站台层采用两条长度为82m、断面尺寸为8700mm×9900mm的顶管隧道连接延安路南北两侧站台，站厅层采用一条断面尺寸4880mm×9500mm、长度为82m的顶管隧道连接延安路南北两侧站厅。站台层顶管隧道埋深15.17～15.37m，设置4条联络通道。站厅层顶管隧道埋深4.84～5.01m。

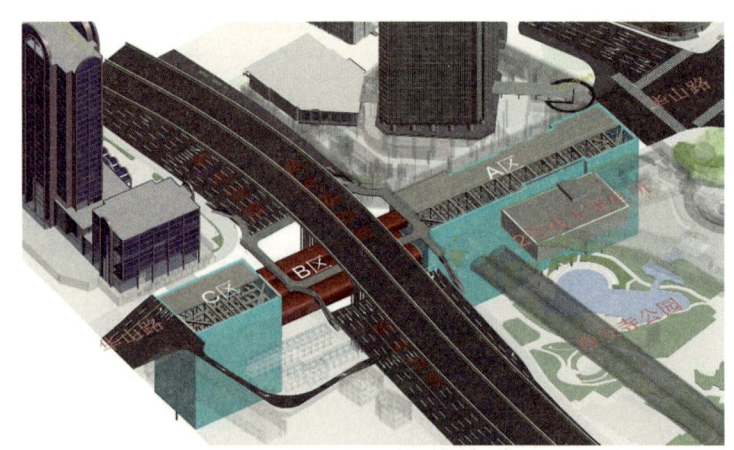

图6-1　静安寺车站顶管工程示意图

顶管段通道单线长度82m，站台层两根顶管水平间距2.0m，站台层与站厅层垂直间距为5.4m，站厅层顶管覆土为4.6m，站台层顶管覆土为

15.2m。站台层顶管外径为9.9m×8.7m，壁厚为525mm。站厅层顶管外径为9.5m×4.88m，壁厚为550mm。

2.工程地质条件

站厅层穿越土层主要为③灰色淤泥质粉质黏土及④灰色淤泥质黏土，站台层穿越土层主要为④灰色淤泥质黏土、⑤₁₋₁灰色黏土及⑤₁₋₂灰色粉质黏土。

建场地地下水类型主要为松散岩类孔隙水，孔隙水按形成时代、成因和水理特征可划分为潜水含水层、（微）承压含水层。勘探深度范围内地下水主要为赋存于浅部土层中的潜水、第⑤₂中的微承压水、第⑦₂₋₁层和第⑦₂₋₂层中的承压水及第⑨层中的承压水。

3.周边环境情况

静安寺站位于静安区华山路下，延安路南、北两侧，车站呈南北走向。14号线静安寺站与南京西路下东西向运营的2号线静安寺站呈"L"形换乘。车站施工主要涉及华山路。华山路呈南北走向，现状宽度约22.8m，设双向7车道，两侧各设一条人行道（见图6-2、图6-3）。

图6-2 华山路（南向北交通）　　图6-3 华山路（北向南交通）

静安寺站周边管线较多，包括：给水管、燃气管、信息、电力、雨水管等，管线情况复杂。

14号线静安寺车站周边建筑沿华山路两侧布置，西侧从南到北依次为上海国际贵都大饭店、延安路高架、会德丰大厦；东侧为华山路229弄、华山绿地、延安路高架、静安公园、2号线静安寺站地下主变电站、伊美广场。周边无必须拆除建筑。除天桥及高架桥桩外，建构筑物离顶管隧道结构边线距离均超过22m。

4.工程主要重难点

超大断面矩形顶管机推进实施中，遇到超大断面顶管多次施工、近距离进出洞施工，深覆土复杂地层顶进施工，超小间距大断面顶管施工，平行叠交顶管施工，超大断面顶管机井内掉头，联络通道施工，顶管多次近距离侧穿高架桥墩、顶管多次下穿众多市政管线等重难点，施工难度大、风险高。

（1）超大断面顶管多次、近距离进出洞施工

小范围内大断面顶管左右上下连续进出洞施工，工作井内无后靠结构及施工平台问题。

（2）深覆土复杂地层顶进施工

站台层顶管段覆土厚度约15m，底部埋深近24m，顶管隧道穿越的地层主要为③淤泥质粉质黏土、④淤泥质黏土层、⑤$_{1-1}$淤泥质黏土。其中④淤泥质黏土仅50kPa，⑤$_{1-1}$黏土也仅为65kPa，软弱地层施工将面临机头"磕头"、轴线失稳以及转角失稳风险。

超深大断面顶管多次顶进施工且超大断面顶管施工为全新的施工工艺，下穿延安中路，交通繁忙地表变形控制要求高。顶管覆土较常规顶管隧道（5~8m）更深，施工中顶力较大，由于管节采用钢管节，钢管节刚度小，首节管节在顶进及纠偏过程中易产生屈服变形。钢管节自身自重较小，与开挖土体质量差较大，易上浮。顶管断面及下部土层物理力学性能差，具有高含水量，高压缩性强度低，渗透性弱，流变性和触变性，对施工扰动反应较为敏感，容易产生超沉现象。淤泥质黏土，其土质不均，局部粉粒含量较高，夹较多粉土，易饱水状态下，极易坍塌变形、稳定性差。

（3）超小间距大断面顶管施工

工程站台层西线大顶管侧穿站台层东线大顶管，与东线大顶管全程平行施工，两根顶管水平净距约为2.05m，穿越土层为④淤泥质黏土层、⑤$_{1-1}$黏土。两根顶管先后近距离水平顶进，地面的沉降会叠加，且两隧道之间净距小，西线顶管施工控制不当会引起东线隧道结构损坏的风险。

（4）平行叠交顶管施工

站厅层顶管与站台层西线顶管上、下平行叠交施工，垂直净距为5.46m。

（5）超大断面顶管机井内掉头

超大断面顶管机内掉头，机头重量较大、掉头距离长。

（6）联络通道施工

首次在超大断面顶管隧道中施工联络通道，联络通道采用冰冻法水平加固，四条联络通道单条长度2.05m。

横通道由0.25m厚支护层、防水层、0.5m厚结构层组成。底部埋深约21.4m，位于④和⑤$_1$层软黏性土，具有明显触变、流变特性，在动力作用下土体结构极易破坏，且土体开挖时会有一定的回弹。

（7）顶管多次近距离侧穿高架桥墩与人行天桥桥桩

顶管需多次侧穿延安路高架桥墩，站台层顶管东线与桥桩水平净距约5.6m，西线顶管与桥桩水平净距约6.6m；站厅层顶管与桥桩水平净距约6.5m。侧穿人行天桥情况如下：顶管分别在东线始发约4.7~13.5m间和73.5m~到达接收井间，穿越东侧天桥桩基（含顶管机壳体穿越桩基）；在西线顶进12.6~19.3m间和75.9m~顶管机到达接收井内，顶管机侧穿天桥西侧桩基。站台层东线与天桥桥桩最小间距约8.64m，站台层西线间距天桥桥桩最小约3.65mm，站厅层隧道间距天桥桥桩最小约3.8m。顶管穿越地层为③淤泥质粉质黏土、④淤泥质黏土层、⑤$_{1-1}$淤泥质黏土。三根顶管先后近距离推进侧穿高架及天桥桥桩，将对穿越施工风险产生叠加效应。

（8）顶管多次下穿众多市政管线

三条顶管陆续下穿延安中路。延安中路下市政管线众多，有电力、煤气、雨水、给水等，距离站厅层顶管最近的管线为1.2m的雨水管，与顶管垂直净距仅为1.2m。站台层顶管距离该雨水管线垂直净距为11.7m。

5.主要针对性措施

经采用以下控制措施，精细化施工、全面有效的风险管控措施，顺利攻克各个难题，顺利完成施工。

（1）针对超大断面顶管多次、近距离进出洞施工风险采取的措施

进出洞采用有效的止水措施（布置二道氯丁橡胶楔形止水带、管节之间的缓冲垫采用丁腈软木橡胶垫、两节管节的接缝处增加二道遇水膨胀橡胶嵌条）；严格控制进出洞加固质量；合理设置进出洞段推进参数；加强进出洞段监测；合理设计顶管支撑平台及后靠装置；采取有效注浆措施保证进出洞土体稳定。

（2）针对深覆土复杂地层顶进施工风险采取的措施

结合始发段推进，优化顶进参数（土压力设定、推进速度控制、出土量控制、刀盘扭矩控制、刀盘转速控制、顶管姿态控制、减摩泥浆控制）；减少机头背土；采用新型减摩注浆措施减少顶进力；多种纠偏装置保证顶管轴线稳定；地面监测采用自动测量系统结合人工测量复核保证沉降传递的及时性和准确性；多种注浆措施相结合，控制过程中及施工结束后地面的沉降；首节管节正环浇筑混凝土，增大其刚度，防止顶进及纠偏过程的钢材屈服；管节底部进行压铁压重，并提前在小仓内浇筑混凝土，减少管节上浮量；做好相应的应急预案。

（3）针对超小间距大断面顶管施工风险采取的措施

精细化管理施工，严格控制顶管施工参数；严格控制东西线顶管顶力；施

工时加强对邻近隧道的监测；顶管贯通后及时进行浆液固化；及时对顶管进行焊接；贯通后对隧道及时进行二次注浆，及时完成隧道内衬及内部结构施工。

（4）针对平行叠交顶管施工风险采取的措施

站厅层顶管下部增设2寸注浆孔；分阶段控制精细化施工，严格控制穿越过程中的土压力、减摩泥浆注浆压力等施工参数，降低穿越过程中的纠偏幅度，确保顶管缓慢连续完成穿越施工；采用电子水平尺自动化监测结合人工复核监测手段对下侧顶管进行监测，同时加密地表监测点及监测频率；根据监测情况适时对站厅层下部进行二次补压浆；按监测情况适时采取隧道压重措施；做好充足的应急预案，有备无患。

（5）针对超大断面顶管机井内调头风险采取的措施

对顶管机头重量精确估算；确保调头设备安全和焊接质量。

（6）针对联络通道施工风险采取的措施

严格控制冰冻加固质量；合理安排开挖步骤；做好充足的应急措施。

（7）针对顶管多次近距离侧穿高架桥墩及人行天桥桥桩采取的措施

对桥桩位置及形式重新排摸；穿越时合理设置施工参数，小顶力穿越；布置直接测量点，穿越时加强监测；及时做好注浆措施；做好充足的应急预案，有备无患。

（8）针对顶管多次下穿众多市政管线采取的措施

现场对管线情况及井底标高排摸；分阶段控制精细化施工，严格控制穿越过程中的土压力、减摩泥浆注浆压力和浆液质量等施工参数，降低穿越过程中的纠偏幅度，确保顶管缓慢连续完成穿越施工；加密管线监测点，穿越时加强监测；及时进行浆液固化，必要时进行二次补压浆；做好充足的应急预案，有备无患。

6.1.2 南京地铁

◇ 超深风井钢管结构柱施工技术

南京地铁4号线二期工程D.004.2-TA01标江心洲中间风井工程位于江心洲规划洲尾路南侧地块，西侧为长江，东侧为夹江。地貌类型属长江边滩、滩地，地势向长江河谷缓倾，地质条件较复杂。风井基坑标准段宽32.95m与34.2m，大盾构端宽36.4m，小盾构端宽33.3m。地下五层三柱四跨，上3层顺做，下2层逆作。风井基础为钻孔灌注桩，柱体结构为钢管结构柱、方形劲性柱。孔深70m，桩径2500m，钢管结构柱最长43.84m，柱径Φ900mm。设计钢管直径大，成孔深度超深，施工难度极大。为解决成孔、清孔及定位难等问题，采用高精度万能调垂架及成套调垂新技术，垂直度检测小于1‰的设计精度要求、部分达到1/10000，确保了成孔的垂直度及钢管的安装精度。

6.1.3 贵阳地铁

◇ 贵阳地铁3号线盾构施工隧道HSP法超前地质预报应用技术

贵阳地铁3号线途经花溪、南明、云岩、乌当四个行政区域，起点为花溪环城高速北侧的桐木岭站，终点为乌当区洛湾站，线路全长约43km，设车站29座，区间30段，其中盾构区间20段，占比67%。贵阳地铁3号线主要穿越喀斯特地貌，岩溶极为发育，且无规律性，隧道施工风险极高。且由于空间受限，无法使用爆破震源，钻孔实施不便，且施作时间较长、管线复杂、电磁干扰强烈，使得传统地质预报技术，如TSP、地质雷达等方法实施受限。

为保障盾构机群施工安全，控制穿越岩溶区的施工风险，贵阳地铁3号线首先通过试验段验证了HSP方法的适用性及可靠性，在此基础上对全线开展了适于盾构隧道的HSP法超前地质预报工作，区别于传统地质预报技术，使用主动震源HSP法结合盾构施工隧道的特殊环境，创新性地利用盾构刀盘。滚刀破岩式的震动信号作为被动激发震源，在盾尾后方隧道轮廓上布置多个接收检波器，对接收到的地震波信号，通过相关干涉处理及深度域绕射扫描偏移叠加成像技术，计算获取开挖面前方地层反射能量图与速度分布图等成果，实现开挖面前方地质灾害的实时预测，确保隧道施工安全。该方法现场测试，无需破爆或锤击震源，无需盾构机停机，不影响施工，采集时间不超20分钟，方便快捷，有效克服了传统地质预报技术在盾构施工隧道中存在的缺陷，每次可准确预报隧道前方100m内的地质情况。

HSP法已在贵阳轨道交通3号线所有盾构区间实施了连续探测，能够可靠预报岩溶岩体破碎区等不良地质，预报准确率达到70%以上，有效保障了盾构施工安全，效果显著。

6.2 施工四新技术应用

6.2.1 上海地铁

◇ 上海地铁14号线武定路站U-BIT束合管幕施工技术

上海作为超大城市，地铁车站明挖施工代价越来越大，复杂的地面交通，交通导改多，周边既有建筑与管线拥挤，管线搬迁多、拆迁借地难，部分区段甚至无明挖条件。为减少周边环境对车站施工的限制，在武定路站1号出入口进行自主创新的U-BIT束合管幕施工技术试验工程，该实验的成功意味着上海地铁应对长距离、大跨度、小空间、紧邻接等复杂工况的轨道交通软土暗挖技术体系已经基本成型（见图6-4）。

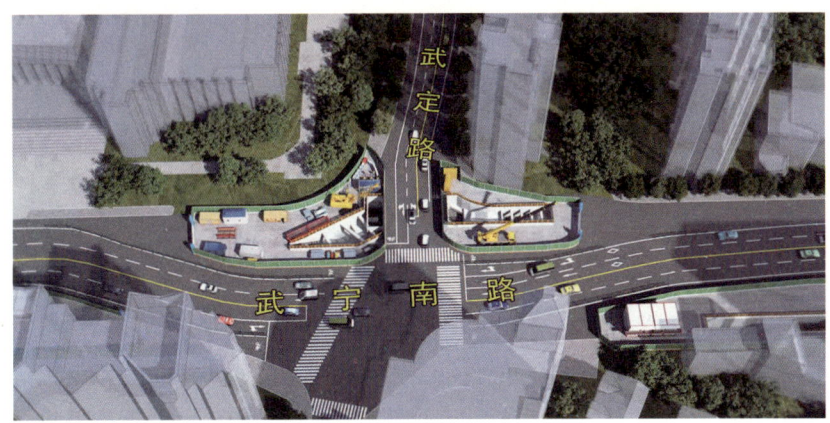

图6-4　工程概况

U-BIT工法借鉴日本URT工法的基本理念，对传统管幕法进行改进优化，将传统管幕法的圆形钢管优化为矩形，通过专门设计的止水锁扣，形成管节内和管节间两组空腔，管幕闭合后在空腔中设置后张法钢索波纹套管并浇筑混凝土填充。待预应力完成后可直接开挖，无需洞内加固和支撑。钢管幕既可以作为隧道的临时衬砌，耐久性经受考验后也可以作为隧道的永久衬砌（见图6-5）。

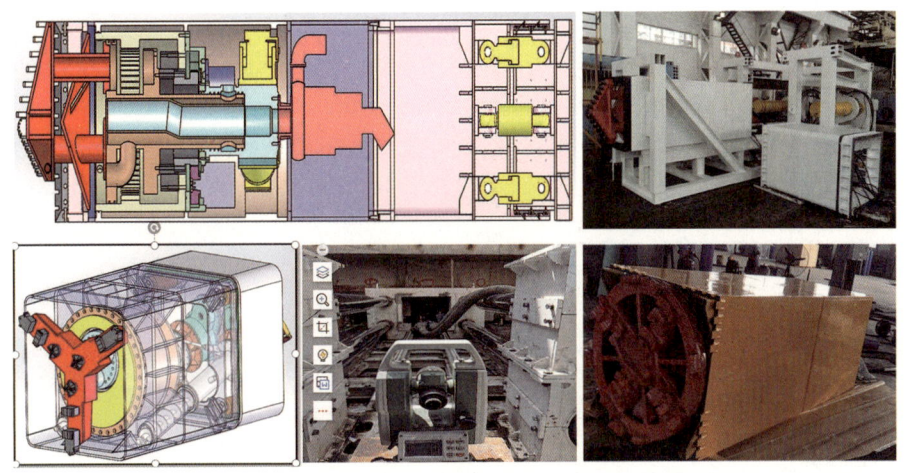

图6-5　U-BIT束合管幕施工机械设备

在武定路站1号施工过程中，研制了行星刀盘驱动的全断面切削矩形顶管机，并采用导轨四角的高程和轴线误差小于1mm，在始发洞口安装洞口限位装置，向刀盘面及土仓内注入膨润土与高分子链聚合物材料配合浆液改良土体，建立更好的正面平衡压力等控制精度的措施，形成了微型顶管群施工控制技术。武定路1号口近400m³采用细石混凝土自流浇筑，其浇筑速度快，堵管风险低，可明显缩短工期，一旦出现预应力穿管前，利用高压水枪，将管壁间隙残留的泥土冲刷干净。采用智能张拉系统，确保束合管幕结构在张拉过程中受力和变形的同步，成功地解决了工具管张拉空间狭小，常规设备操作困难，张拉距离短，预应力损失大的问题，实现了狭小空间预应力施工技术的运用（见图6-6）。

图6-6　U-BIT束合管幕施工技术实施效果

6.2.2　宁波地铁

◇ 机械法联络通道施工技术

软土地层联络通道施工普遍通过冷冻法工法对开挖范围进行加固，采用矿山法开挖。但冷冻法效果受多种因素影响，效果常常难以控制，此时采用矿山法开挖时，存在较高的安全风险，同时冷冻法冻结和解冻过程工期过长，往往成为制约后续工作开展的主要影响因素。采用盾构法等全机械法联络通道施工工法取代冻结暗挖工法，是地下隧道工艺发展的趋势，而且可大幅提升掘进效率，缩短建设工期。

宁波地铁3号线建设过程中，成功研发集约化联络通道专用掘进机，包含可切削管片仿形刀盘及集运输、抬升、伺服内支撑一体化的智能台车。采用可切削洞门和特殊结构设计，实现微加固施工，降低工程造价；套箱内完成始发、接收，实现施工过程全封闭，提高安全性；采用机械化支撑体系，确保施工全过程隧道结构安全。集约化程度高，实现狭小空间全机械化施工。工程总体耗时30天，掘进施工仅18天，大大缩短联络通道施工工期。通过空间集约化的集水池设计和高性能水泵选型，在隧道道床范围内实现满足消防规范要求的区间内置式泵房设置（见图6-7）。

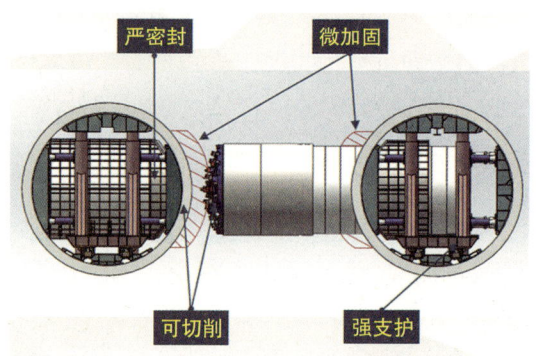

图6-7　集约化联络通道专用掘进机示意图

6.2.3 深圳地铁

1.预制装配式车站施工技术

深圳地铁在深圳市城市轨道交通四期调整线路中选取了7个车站试点应用装配式车站技术，包括3号线四期坪西站、6号线支线二期华夏站、12号线二期沙浦站、13号线二期（北延）市中医院站、16号线二期的阿波罗南站、龙兴站以及福坑站。深圳地铁装配式车站方案在总结长春、广州等城市地铁装配式车站方案的基础上，提出了具有更高适应性和推广价值的特色创新举措。其一，首次提出了内支撑体系下的全断面装配方案，提高装配化程度，车站中板、中纵梁、中立柱均采用预制装配；其二，国内首次创新应用内支撑体系下装配式车站构件拼装工艺，研发了装配式地铁车站工装设备、智能张拉设备、整体分离式拼装台车等装备；其三，通过智造管理系统融合5G、BIM技术实现构件厂管理智能化、数字化，提高了预制构件流水生产质量管理的质量，提高了装配式车站预制构件工厂智能化生产能力（见图6-8）。

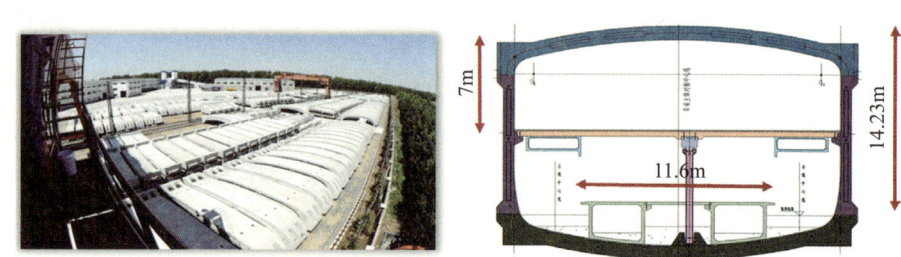

图6-8　预制装配式车站施工技术示意图

2.基于BIM技术的模块化冷水机房

在初步设计的基础上开展二次深化设计和三维仿真，对设备位置、管道布局、设备参数进行优化，通过模块划分、工厂预制、模块运输、现场拼装而形成的冷水机房一体化施工安装的一种新型工艺技术。相较于传统冷水机房，摒弃了现场的切割、焊接及喷漆作业；遏制了现场脏乱差现象及材料浪费现象；抛弃了单工种单作业面施工，可实现多工种多作业面同时流水化施工。

由于模块全是在工厂预制，施工现场作业面实现零污染的同时，极大程度减少材料的浪费及人为加工误差、提高了安装效率及安装质量、缩短了施工周期的同时更便于运营时期的拆装维护，降低了运营维护成本（见图6-9）。

图6-9　模块化冷水机房示意图

6.3 施工数字化、信息化、智能化技术应用

1.数据不落地和动态分析预测

上海地铁建设风险管控的基础是监测数据不落地上传，通过平台对平台、平台对设备等方式实现监测数据不落地，直接上传至风险监控平台，中间无需经过人工处理，保证数据的真实可靠。其次，通过在系统中内置的风险动态分析预测模型的计算算法和分级预警指标模型，实现风险隐患的双重预防管理（见图6-10）。

数据不落地上传支持人工和自动化两种方式录入数据。平台可以直接接收现场自动化监测设备推送的原始电子数据，利用5G数据传输，实现原始数据自动化采集和不落地上传。对于不落地上传的电子化原始数据，通过校核数据上传时间是否符合要求、哈希值校验等方法对上传的电子数据进行计算分析，完整性校验，审查电子数据的真实性。对于损坏或恶意修改的数据，可通过存储

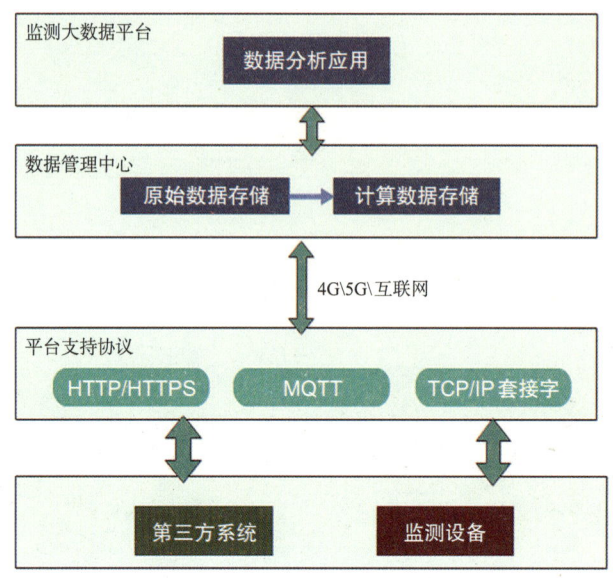

图6-10　数据不落地集成技术框架

节点的交叉比对进行数据修复。对于人工采集监测数据的情况，支持将测量时的原始设备读数拍照并以图片形式上传至系统。通过EXIF值检验、双量化分析等图像识别技术验证图像数据未经二次修改，确保原始数据真实有效。

针对基坑工程风险管控依赖现场监测数据经验分析和人工巡查的问题，通过参数化建模与基坑支挡结构反分析算法，建立随施工进度动态更新的基坑围护结构动态力学分析模型，即时反馈及预测基坑结构安全状态，提前预警风险点，辅助风险管控，分析研判后的数据帮助技术人员调整施工参数，管控施工风险。

2.智慧工地建设

上海地铁智慧工地建设共集成了五大模块，主要包括以下模块：

（1）人员管控模块。通过智慧工地与交委平台、大数据中心的数据集成，实现对工地人员进行疫情防控、实名制管理、智能识别等方面的管控。统计关键岗位、到岗率情况，实现关键人员的精细化管控。

（2）环境管控模块。通过与第三方环境监测平台对接，利用设置在施工现场的各传感器对施工环境进行实时监控，再将监测信息同步推送至交委智慧工地。

（3）设备管理模块。通过设备二维码和手机端App互联技术，实现在系统中记录每台机械设备的合格证、年检报告和操作人员等信息，便于人员对设备的快速检查、记录、整改、闭环。

（4）材料管理模块。对进场材料送检的检测情况及数量进行统计，系统直接对接材料检测协会，能够第一时间获取检测结果，对不合格材料检测结果形成台账，并提醒相关参建单位。

（5）AI智能隐患识别。通过工地视频智能感知设备自动抓拍，将施工现场常见的违规事件自动推送给事件处理人员和闭环负责人，按照交委综合监管平台各级别对应的处置流程进行闭环管理，发挥AI智能识别对施工现场安全管理的监查作用，推动交通建设工程监督管理智能化、精细化，进一步统一管理标准、提升工作效能。

智慧工地平台打通了行业监管部门、建设单位、施工监理单位、工地现场、大数据中心等各级部门，实现信息共享、管理扁平化、问题协同高效处置闭环，最终达到每个工地程序合规、质量受控、作业安全、人员健康、文明施工五大建设目标。

6.4　工程风险防范措施与案例

6.4.1　18号线沪南公路—御桥区间盾构钢套箱进出洞

6.4.1.1　工程概况

盾构接收采用水平冻结＋钢套箱施工方法，水平冻结长度5m，冻结杯底厚度2.6m，接收段平面位于直线上，断面位于2‰上坡。区间设计御桥站南端头采用外包井接头形式，设计管片共1574环，实际推算管片1570环，管片凸出侧墙19cm，井接头为外包形式。

6.4.1.2　工程重难点

水平冻结时，为确保冻结体的强度满足要求，需要对冻结帷幕进行详细计算其所需制冷量，选择合适的冷冻机组，冷冻机组必须采用一用一备，以防出现设备故障导致冻结体效果差；且需确保水平冻结技术与盾构推进的合理配合，避免刀盘切削冷冻体时，刀盘被冻住无法启动，冻结管施工时钻孔偏斜至隧道范围内，刀盘顶破冷冻管，导致冻结壁失效，造成漏水漏浆，甚至地下工程支撑不稳，出现塌方现象等问题。

区间线路长且盾构进洞采用钢套箱，若不注重有关安全规范，可能造成钢套筒无法合理地被应用于盾构掘进的工程中，主要是盾构机和钢套筒之间填料与钢套筒外水土压力平衡问题，一般可以通过填砂、注浆确保平衡，其次，钢套筒在安装时操作不当，也会因为密封不当出现漏浆状况，反力架无法充分发挥作用等。

6.4.1.3　主要针对性措施

（1）推进过程中，严格控制盾构进洞姿态。隧道内控制点采用双导线测量方法，减少测量误差，始发井控制点、接收井控制点必须联测，形成闭合，确保坐标体系相同。

（2）距离进洞150m前，对地面控制网、洞内控制网进行复测。距离盾构进洞80环，二次复核盾构姿态，确保顺利进洞。

（3）盾构接收端头地面位于十字交叉路口、管线分布复杂，为做好应急抢险准备，提前在地面放出隧道轮廓边线和管线分布位置。

（4）盾构接收期间，监测频率调整至2次/天。

（5）调整盾构姿态段控制措施

①盾构机刀盘到达冻土前30环（1528～1558环）开始，推进速度降低至30～40mm/min，土仓压力2.6～2.8bar，根据监测数据实时调整土压，推力控制在1500～2000t，刀盘转速0.9rpm。

②刀盘到达冰冻区前盾构姿态满足进洞要求。

③该范围盾构掘进严格控制盾构机姿态，水平偏差+67mm（偏东），垂直偏差+16mm（偏上），使盾构机的掘进方向正对实测洞门中心，盾构掘进趋势与钢套箱轴线相符。

④洞门破除：先破除至外层钢筋，之后拔除冻结管，同时采用快干水泥封孔，之后割除外层钢筋，破除期间保护冻结管，洞门破除完成后在洞门范围铺2层水泥，防止盾构机磕头。

⑤1542环管片拼装完成后，停机1个班，对地面垂直吊装设备、水平运输体系及盾构机进行全面检查和保养。

⑥1542环之后，调整使用进口盾尾油脂。

⑦钢套箱内填料完成时，要求拼装管片离冻结区距离＞15环管片长度。

⑧接收端头工作流程：冻结打孔→积极冻结（钢套箱安装及加固）→钢套箱内垫层浇筑（60°范围）→侧墙破除→进洞条件验收→洞门破除（保留外层钢筋）→钢套箱内冻结管拔除→外层钢筋割除、清渣→垫水泥→钢套箱内填料。

⑨钢套箱内垫层：防止盾构机磕头，钢套箱底部60°范围内浇筑C15细石混凝土作为垫层，厚度24cm。靠近钢环50cm范围内不浇筑垫层，采用垫水泥充满预留槽，满足后期焊接弧形钢板需要。

⑩钢套箱内填料：填料采用同步砂浆，约541m^3，钢套箱内全部填充满，空隙位置加水填满。

⑪钢板刷焊接：为了加强盾构接收的洞门密封性能，确保盾构机在接收过程中洞门的密封效果，在洞门钢环内壁处焊接一道钢板刷，钢板刷内填充手抹油脂。

（6）冻结区盾构机掘进防冻控制措施

①冰冻土体盾构掘进期间，要求刀盘24h不停运转，管片拼装期间同时要求刀盘不停转动。

②冰冻土体盾构掘进前，解除刀盘连锁，防止因其他系统故障导致刀盘停转。

③盾构机液压系统油箱报警值调高，报警值由50℃调整到65℃。

④盾构机油箱冷却系统调整，循环热水放掉，循环进水采用自来水，降低循环冷却水温度。

⑤刀盘采用电动电机驱动，驱动旁安装风机降温。

⑥冰冻土体盾构掘进期间向刀盘内打热水（30～60℃），管片拼装期间按需向刀盘内打水，可利用盾构机冷却系统热水。

⑦盾构机刀盘进入冻结杯底前清仓，保持零土压掘进冰冻土，盾构推进速度控制在1cm以内，刀盘转速＜0.9rpm，刀盘扭矩控制＜60%（正常推进30%），推力＜2000t，杜绝推力、扭矩过大抱死刀盘。

⑧管片拼装完下半圆后盾构向前掘进2～3cm，掘进期间盾构同步注浆不间断进行喷浆。

⑨考虑冻结区发展影响，实际冻结长度＞设计冻结长度。

（7）盾构机中心刀到达冻结加固区控制措施

①推进参数：推进速度≤1cm/min（根据刀盘扭矩调整），土仓维持满仓，推力＜2000t，土仓压力（顶部0.2bar、中部0.3bar、底部0.6bar），刀盘扭矩控制＜60%（正常推进30%），刀盘转速0.98rpm，每环同步注浆4.0m³、3.5m³、2.8m³，注浆压力＜0.5MPa，根据监测数据调整注浆量。

②二次注浆。浆液水灰比1:1，水泥浆:水玻璃3:1，浆液初凝时间为70s。

③当中心刀出冻结杯底，钢套箱内渣土流入土仓内，螺旋机暂停出土，边推进边建立土压，当上部土压达到0.2bar、中部土压达到0.3bar、底部土压达到0.6bar时，恢复螺旋机出土，维持土压稳定推进。

④掘进期间观察渣土、推力、扭矩等变化情况，按需调整掘进参数，扭矩出现过大时，加大出土量。若推力突变立即停止推进，待分析原因后方可恢复推进。

⑤安装管片间拉紧装置，安装点位12点、2点、4点、8点、10点。

⑥观察钢套箱、反力架变形情况，存在异常立即停止推进。

⑦刀盘进入冻结土体后，要求24h不停运转，管片拼装期间同时要求刀盘不停转动。

⑧盾构掘进期间不停注入热水（使用冷却系统循环热水），管片拼装期间按需打水。

⑨管片螺栓连接时安装拉紧装置，拉紧装置安装后管片螺栓复紧，螺栓复紧后对拉紧装置进行3次复紧。

⑩提前准备好10cm厚度木屑，拉紧装置不紧情况下垫木屑。

⑪停机后施工流程：盾构停机→注进口聚氨酯→注单液浆→积极冻结5～7天（同时对最后7环管片贴保温材料）→最后7环全断面二次注浆→判断洞门有无渗漏→恢复推进、盾尾脱离管片→焊接弧形钢板→拆冻结管。

（8）最后一道盾尾脱离混凝土管片前，需同时满足以下四种条件：

①在1568环16个注浆孔位置打探孔，共16个探孔，探孔深度43cm（管片厚度占35cm），检查无渗漏，判断环箍效果良好。

②1567、1568、1569环16个注浆孔位置，手持测温仪测环箍冻结温度，环箍温度＜0℃，判断冻结效果良好。

③停机期间和清仓期间，钢套箱前方土压或钢套箱压力表压力未增加，判断洞门无渗漏通道到达刀盘前方土仓。

④洞门与钢环连接处开孔，无渗漏，判断洞门无渗漏。

⑤将钢套筒最前端孔洞打开，将钢套筒内剩余砂浆放出。

（9）焊接弧形钢板

①掘进-3环油缸行程为1120mm时，盾构机已达停机位置，此时也满足弧形钢板焊接，拆除-1、-2环钢管片。

②焊接弧形钢板前，刀盘前方土仓清空，拆除负环管片。

③焊接弧形钢板前，在钢套箱割顶部开小孔（500mm×200mm）用于通风，底部开小孔（200mm×200mm）用于排水。

④弧形钢板制作：弧形钢板分23块制作，另外做3块备用，单块两端焊接抓手，4块弧形钢板（上、下、左、右）上各预留1个直径DN50mm球阀。弧形钢板外侧与钢套箱焊接、内侧与管片端面焊接。弧形钢板焊接牢固，严禁漏焊、点焊。

⑤弧形钢板焊接完成后，通过弧形钢板球阀注双液浆，注浆前打开顶部球阀，顶部球阀冒浆时停止注浆。

⑥洞门二次注浆完成后，外圈冻结孔维持冻结2～3天，洞门完全封闭后，方可拆外圈冻结管、钢套箱。

⑦最后8环管片，通过注浆孔不间断注浆，注浆遵循"少量多次"的原则，地面无融沉后停止注浆。

6.4.2　深圳地铁围护桩支护常压开仓技术

深外高中站至盐田路站为典型的上软下硬复合地层，盾构在该地层中掘进，滚刀磨损、损坏现象严重，极大降低了掘进速率，在上软下硬复合地层中只能采取带压开仓施工，耗时长且安全风险高。根据地质情况和地表环境条件，提前预测盾构开仓检查及更换盾构刀片的地点，采用围护桩支护对开仓地点进行预加固，提高了开仓地点土体的自稳性，使盾构机的土仓压力在开仓地点接近常压，创造常压开仓换刀条件。围护桩本身施工简单，加固效果较好，可使土体土仓压力减小的同时降低安全风险，并且常压开仓换刀的换刀时间较短，可缩短开仓时间，提高盾构有效掘进时间。

6.5　工程文明施工措施与案例

6.5.1　项目施工围挡

施工现场边界应以不妨碍交通和人、车通行原则，必须设置连续封闭的围护设施，保持施工现场与外界的有效隔离，并定期对围挡进行养护维修。轨道交通工程施工围挡应采用钢质材质，高度不应低于2.5m（特殊区域相应升高），满足抗11级风力的要求，禁止采用非绿色建材（黏土类砖块材料）；市政配套项目施工围挡可采用PVC板或彩钢板，应满足安全强度和外观整洁，高度不低于2m。距离住宅、医院、学校等噪声敏感建筑物不足5m的应设置具有降噪功能的隔声屏围挡（见图6-11）。

图6-11　围挡、夜间景观灯

围挡或路栏外侧严禁安放机械设备、堆放建材或其他杂物，严禁将围挡用作挡土墙或将各类设施设备作围挡支撑。

6.5.2 出入口设置

施工场地应设置至少2处大门，工地上出入门应人车分流，主门宽度不小于5m，副门宽度不小于2m，门头用金属材质制作，门卫室及人员通道应使用集装箱式，其上边沿应高于围挡50mm，出入门左侧放置施工铭牌和各类"告示牌"，右侧设置企业形象宣传及各类承诺。

出入口内侧门卫室或车辆出入口应设置视频监控设备（门禁装置），确保24h有效运转，现场视频监控存储须支持至少30天视频内容，渣土车辆进出场视频监控应与市行政主管部门联网，并留存视频的日常监控记录（见图6-12、图6-13）。

图6-12　大门设置示例

图6-13　进门处设置人脸识别系统闸机，且附带测温功能

6.5.3 智能化管理

施工现场实施信息化、智能化管理，提升现场安全文明管理能力。施工现场应实行实名制管理，进场人员应纳入"上海市交通委员会综合业务平台"和"轨道交通建设人员信息管理云平台"管理，做好每天信息更新工作，确保

各类证件和证书真实、齐全、有效。人员出入门应设置门禁装置（人脸识别系统），并与施工现场管理人员、劳务人员实名制管理相关联。

在施工区域按规定安装"全球眼"视频监控系统，覆盖施工现场作业面，其中一路监控点（具有人脸识别功能）设在安全准备区出口，为施工单位、监理单位现场主要管理人员进行视频点名。监控室人员配置合理、记录表式齐全、制度上墙、通信畅通（见图6-14）。

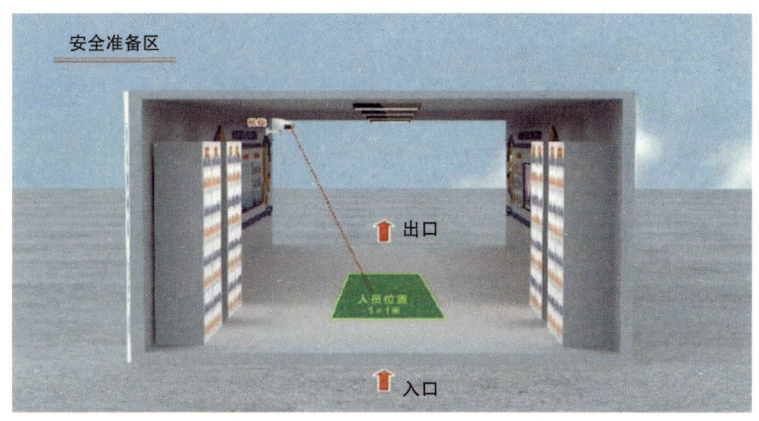

图6-14　安全准备区设一路"全球眼"（具有人脸识别功能）

6.5.4　现场标准化管理

施工现场设置四级沉淀功能的沉淀池，并与工地排水系统和市政管网链接。

楼层临边、基坑临边、超过$0.5m^2$的洞口临边、楼梯临边、通道临边、电梯井口、施工升降机楼层进入口等部位，使用标准化、定性化的安全防护设施。基坑上下通道或登高设施设置定性化梯笼或金属爬梯。地下四层及以上的深基坑设置施工电梯。

现场各类移动操作平台、卸料平台、移动登高架、钢筋加工棚、泥浆处理棚、机加工车间材质选用符合结构刚度要求的定型化构件拼接（见图6-15、图6-16）。

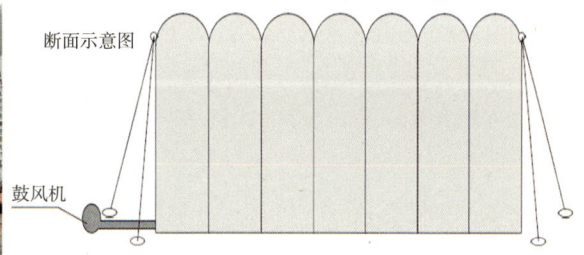

图6-15　防泥浆气垫墙布设

图6-16　三轴搅拌机泥浆防护棚布设

7 竣工验收篇

7.1 概述

2022年《中国城市轨道交通工程建设发展报告》竣工验收专题，以福州、宁波、西安、徐州4个城市的调查问卷回复为基础数据，汇总了现阶段国内轨道交通竣工验收阶段的基本现状及所遇到的挑战，并分享了各单位总结的有关竣工验收工作合理化建议及成功经验。

截至2022年7月底,调研工作组收集到的已完成竣工验收的线路情况见表7-1：

已完成竣工验收的线路情况统计表 表7-1

序号	城市	线路名称	线路里程（km）	车站个数	验收时间
1	福州	1号线一期工程	24.89	21	2016.12
2		2号线工程	30.17	22	2019.4
3		1号线二期工程	4.9	4	2020.12
4		5号线一期工程（首通段）	22.4	17	2022.3
5		6号线工程	31.4	16	2022.7
6	宁波	5号线一期工程	27.923	22	2021.12.1
7	西安	14号线工程（北客站～贺韶村）	13.8	8	2021.5.26
8	徐州	3号线一期工程	18.13	16	2021.5.29
9	武汉	武汉地铁5号线	35.1	25	2021.12.26
10	杭州	杭州地铁8号线一期工程	17.1	9	2021.6.28
11	杭州—海宁	杭州至海宁城际铁路工程	46.38	13	2021.6.28

7.2 验收制度建设

7.2.1 参与调研的各城市地区已建立的城市轨道交通工程建设验收制度/办法情况

1.福州市

《福州地铁集团有限公司轨道交通工程（含人防防护设施）质量验收管理办法》。

2.宁波市

(1)《宁波市轨道交通工程质量验收管理办法》；

(2)《宁波市轨道交通首件工程质量验收管理规定》；

(3)《宁波市轨道交通工程关键节点风险管控条件验收管理规定》。

3.西安市

(1)《城市轨道交通验收管理办法》；

(2)《西安市轨道交通集团有限公司建设分公司工程质量验收实施细则》。

4.徐州市

(1)《城市轨道交通工程质量验收资料实施指南》；

(2)《质量验收实施细则》。

7.2.2 参与调研的各城市地区信息化验交管理网络或创新技术建设情况

福州地铁集团有限公司结合OA办公系统，建立了信息化验交管理网络模块，全程录入单位工程验收、专项验收、竣工验收进展情况，对验收进度进行动态管控。

7.3 政府专项验收

7.3.1 参与调研的各城市地区城市轨道交通工程建设项目政府专项验收概况

(1)福州市（见表7-2）。

福州市专项验收概况统计表   表7-2

序号	专项验收名称	验收主管部门	验收管理文件	备注
1	工程质量	市建设局	建质2014（42）号	
2	建设工程规划条件核实与土地核验	项目属地自然资源主管部门	1.《中华人民共和国城乡规划法》； 2.《福建省实施〈中华人民共和国城乡规划法〉办法》； 3.国务院关于促进节约集约用地的通知	建设工程规划条件核实与土地核验
3	环境保护		1.《建设项目竣工环境保护验收暂行办法》，环境保护部国环规环评〔2017〕4号文； 2.《建设项目竣工环境保护验收技术规范生态影响类》HJ/T 394—2007； 3.《建设项目竣工环境保护验收技术规范城市轨道交通》HJ/T 403—2007	建设单位自主验收
4	工程安全设施		《安全生产法》《关于加强建设项目安全设施"三同时"工作的通知》	建设单位自主验收
5	卫生防疫	市卫健委	需向市卫健委提供全部车站的合格卫生检测报告，并取得卫健委批复的卫生验收意见函，意见函中应体现，同意通过卫生学验收，根据《城市轨道交通试运营基本条件GB/T 30013—2013》条款4.3主管部门批准文件 i)卫生评价文件。卫生主管部门对城市轨道交通工程出具的卫生评价文件	
6	职业病防护设施	市卫健委		
7	消防	市城乡建设局	《建设工程消防设计审查验收管理暂行规定》《福建省建设工程消防设计审查验收管理暂行实施细则》	
8	人防	市人防办	1.关于福州市轨道交通工程兼顾人民防空需求相关技术要求的批复（2009）36号； 2.福建省人防办"关于规范人防工程监理和防护设备质量监管有关工作的通知"（闽人防办〔2016〕126号）； 3.福建省人防办"关于规范地铁非标人防防护设备产品质量监管工作的通知"（闽人防办〔2017〕50号）； 4.关于地铁6、5、4号线及滨海快线人防设备安装到位问题反馈意见的函（榕人防函〔2018〕71号）； 5.福建省人民防空办公室专题会议纪要，闽人防办会议纪要（2018）4号《关于福州地铁人防非标防护设备等相关问题专题会议纪要》	
9	竣工档案	市城建档案馆		
10	防雷装置	市城乡建设局		

续表

序号	专项验收名称	验收主管部门	验收管理文件	备注
11	特种设备验收	市市场监督管理局	《电梯监督检验和定期检验规则—自动扶梯与自动人行道》(TSG-T7005-2012);《电梯监督检验和定期检验规则—曳引与强制驱动电梯》(TSG-T7001-2009)	
	水土保持		《水利部办公厅关于印发生产建设项目水土保持设施自主验收规程(试行)的通知》《水利部办公厅关于印发生产建设项目水土保持问题分类和责任追究标准的通知》	建设单位自主验收
	防洪涝设施		修订《城市轨道交通初期运营前安全评估管理暂行办法》的通知	建设单位自主验收
	海绵城市验收	市城乡建设局	《福州市海绵城市建设项目规划建设管理暂行办法》	按福州市规定

（2）宁波市（见表7-3）。

宁波市专项验收概况统计表　　　　表7-3

序号	专项验收名称	验收主管部门	验收管理文件	备注
1	工程质量	宁波市建设工程安全质量管理服务总站	《城市轨道交通建设工程验收管理暂行办法》(建质〔2014〕42号)	
2	消防	宁波市住房和城乡建设局	《中华人民共和国消防法》《建设工程质量管理条例》《建设工程消防审查验收管理暂行规定》	
3	特种设备	宁波市特种设备检验研究院	《电梯监督检验和定期检验规则—自动扶梯与自动人行道》	
4	人防	宁波市人防办	《人民防空工程施工及验收规范》《人民防空工程质量验收与评价标准》	
5	卫生	宁波市疾病预防控制中心	根据国家标准规范	
6	环保	宁波市轨道交通集团有限公司	《城市轨道交通初期运营前安全评估管理暂行办法》	
7	档案	宁波市轨道交通集团有限公司	《浙江省重点建设项目档案管理办法》	
8	安全评价	宁波市轨道交通集团有限公司	《城市轨道交通试运营前安全评价规范》	
9	防雷	宁波防雷安全检测有限公司	《城市轨道交通防雷装置检测技术规范》	

（3）西安市（见表7-4）。

西安市专项验收概况统计表 　　　　　　表7-4

序号	专项验收名称	验收主管部门	验收管理文件	备注
1	工程质量	市住房和城乡建设局	市建质〔2020〕36号	
2	规划	市资规局		
3	环境保护	无	建设单位编制环保验收报告	
4	工程安全设施	无	第三方评估机构组织专家验收	
5	卫生防疫	市卫健委	相关规范	
6	消防	市住房和城乡建设局	消防验收规范	
7	人防	市人防办	人防验收规范	
8	竣工档案	市城建档案馆	相关规范	
9	竣工财务决算审计	无	通车后根据完成时间进行	

（4）徐州市（见表7-5）。

徐州市专项验收概况统计表 　　　　　　表7-5

序号	专项验收名称	验收主管部门	验收管理文件	备注
1	人防验收	人民防空办公室	人防验收意见	
2	卫生学验收	市卫健委	卫生许可证	
3	防雷检测	市防雷检测中心	雷电防护装置检测报告	
4	特种设备检测	省特检院徐州分院	特种设备检验报告和使用合格证	
5	消防验收	市住房和城乡建设局	消防验收意见书	
6	规划验收	自然资源和规划局	建设工程竣工规划核实证明	
7	环保验收	市环保局	环境保护设施验收报告	
8	档案验收	省档案馆	档案验收意见	
9	安全评价	建设单位	安全评价报告及专家意见	

7.3.2 政府专项验收工作存在的主要问题和困难

（1）因法规理解差异，同时部分行政主管部门未制定适用于城市轨道交通工程的专项验收规定，部分专项验收标准不统一，建设单位专业管理人员对各法规的理解与行政主管部门存在差异，导致部分专项验收无法启动。

（2）部分专项验收取得单位工程验收意见后，方可申报专项验收，组织专项验收时间紧，在线路通车节点基本确定情况下，竣工验收前取得完整的专项意见较难。

（3）参建单位对专项验收的要求了解不够充分，阶段对收边收尾以及调试不够充分，专项验收问题多，影响专项验收取证。

7.3.3 政府专项验收工作成功经验分享

1.福州市

主管部门"先行介入"，地铁"举一反三"，保障消防验收合格率。福建省住房和城乡建设厅指导，市建设局创新验收工作方法，采用"先行介入技术指导"，指导企业提前发现问题整改处置，同类问题举一反三规避。有效克服点多面广，验收用时长等困难，大部分站点实现一次性验收合格，为地铁按期开通提供了保障。

2.西安市

消防专项验收，主要问题是初步设计、施工图设计阶段采用的消防规范，在组织消防验收时相关消防验收规范已经更新，造成按图施工后的工程需要采取补救、整改措施，才能通过消防验收；另外设计人员对消防设计的理解与消防验收时邀请的消防专家有所不同，需要做大量的沟通解释工作，造成消防验收难度较大。

3.徐州市

对于运营安全影响相对较小的档案验收，由于工程竣工验收时间紧，站后工程资料不能及时上交，导致档案正式验收无法进行，为此可以开展档案预验收，确保竣工验收顺利开展，在初期运营前完成正式验收。

4.中铁一院

总结长期合作有多条地铁总体总包线的城市，中铁一院参与验收过程中积极配合业主、当地验收主管部门验收工作，认真核查验收实体的建设质量和设计标准质量在建设中的落实情况，积极提出整改措施并督促施工单位整改落实，建立院级的验收实体问题库等。

参与验收的各项工程中，应取得政府各种批文，比如质监、消防、卫生防疫、劳动安全、环保等不存在滞后问题，新旧规范矛盾无冲突。具体工程质量问题有如下列举：

（1）车站导向标志较少、字体偏小、导向不明确等；

（2）站台与板轨行区间隙、高差偏大的安全隐患；

（3）施工单位隐蔽工程验收没有保存好监理、设计院等单位的意见和整改措施等；

（4）尾工工程因工期影响存在部分分项工程质量不达标，如出入口外广场回填质量、排水找坡不达标等；

（5）试运营期间结构安全检测不到位，隧道区间不均匀沉降对结构本身的不良影响或对周边建筑的影响等。

7.4 问题与合理化建议

7.4.1 目前竣工验收工作急需研究解决的困难

（1）部分车站受征地拆迁等前期工程影响，导致土建开工晚，完工并移交机电施工作业时间滞后，现场也存在"重土建、轻机电"的现象，同时，施工单位自身已存在"重安装、轻调试"导致功能单调试进度缓慢，部分一般项目的系统联调联试无法做到很完整，存在影响运营服务质量的问题，运营后可能导致市民投诉。

（2）竣工验收工作，存在因建设周期长引起的待验收工程，按旧标准建设完成、但按照新标准执行验收又无法整改的矛盾，存在部分因外部因素影响未建设完成的甩项工程影响竣工验收达到高标准的矛盾。

（3）有关环保验收方面

①建设单位编制的环保验收报告。在竣工验收时只能完成一部分设施的验收及数据的采集，还有部分需要在初期运营期间进行测试、采集数据，验证环保设施的完好性、适用性，如振动、噪声、废水废气排放等，造成环保验收报告需要分次进行完善，方可完成。

②项目运营后环保补救措施实施困难。为减缓轨道交通项目运营后的噪声影响，环境影响评价阶段多要求采取声源降噪措施，以及声屏障、消声器、冷却塔导向消声器、隔声罩等传播途径降噪措施。为减缓环境振动影响，环境影响评价阶段一般要求根据预测超标结果，相应采取弹性扣件、橡胶浮置板道床或钢弹簧浮置板道床等减振措施。从竣工环保验收调查情况来看，由于轨道交通工程特点和运行特性，项目运营后如要采取环境保护补救措施，成本偏高、进度缓慢，实施难度较大。例如：轨道交通运营后受工程运行条件、土建结构等的限制，地下线轨道减振措施由低等级的减振扣件变更为高等级的橡胶浮置板道床、钢弹簧浮置板道床等，实施难度大、成本高；在高架段加装声屏障，在不影响轨道交通正常运行的情况下，天窗时间施工，每天施工时间仅有3～4个小时，施工难度大，进度缓慢。

③噪声、振动、电磁场等的扰民投诉。在建设和运营期尽量做到无投诉，如果有投诉，在环保验收前，所有的环保投诉必须采取措施解决，使得投诉者满意解决方案或者采取了最高级别的环保措施，否则环保验收无法通过。

（4）城市轨道交通桥梁的设计、施工和验收都是沿用铁路行业完善的规范标准体系。城市轨道交通属市政工程，建设单位通常参照住房和城乡建设系统相关要求及地方相关标准对铁路行业验收体系文件进行局部调整。根据既往工程经验，建设单位调整后的验收体系文件往往存在随意扩大设计单位验收范围和内容的情况。很多无需设计参与验收的内容，比如材料进场质量验收等，都要求设计单位签字盖章，造成很多不必要的困扰。有必要针对城市轨道交通桥梁的设计、施工特点编制专门的验收标准，对验收程序进行规范管理。

7.4.2 有关竣工验收工作合理化建议

（1）对全国各地轨道交通试运营前暴露的问题进行搜集、整理、分析，尤其对试运营基本条件的评审意见，要及时反馈到规划、设计、建设、施工、设备安装以及运营各方，以便于对照、总结和改进。

（2）强化从严三阶段验收的重要性，提高单位工程验收质量，按"预验收—整改—再验收"流程把控各分部工程实体质量，监理盯控整改工作并做好考核，杜绝问题积累。

（3）以试运营基本条件评审作把手，严把试运营基本条件关，试运营评审后应为建设和运营方留够必要的整改时间，对涉及运营安全的关键工序和确保基本服务水平的相关问题一定要整改好后才能试运营。

（4）建议加强信息化建设，建立信息化管理平台，掌握工程建设全流程情况，开发隐蔽工程施工网上影像存储系统，统一验收流程、验收表格，从而从源头把控施工质量，方便后期竣工验收，开发竣工验收网上系统。

（5）对完成建设的轨道交通项目，建议从多方面总结特色、特点，整理形成完整资料，尤其是风险管控等级高的部分，可在后期项目中纳入或补充相关验收规定。

（6）环评文件的各项要求大部分需要在施工期落实。建设单位应将环评文件的各项要求在后续的设计和施工中逐一予以落实，不得随意降低或弱化减振降噪等环保设施。优先采用先进、环保型的施工工艺，降低施工爆破影响，防止地下水污染。

（7）鼓励开展环境监理，对环评批复要求落实情况定期进行核查。设计和施工中发生的变动应及时分析研究，若无行业重大变动判定依据，对于可能涉及的重大变动建议直接咨询生态环境部门。

（8）加强跟踪监测，开展环境影响后评价。对于敏感、复杂、有代表性的轨道交通项目，建议在其运营后积极开展跟踪监测和环境影响后评价工作，建立监测结果数据库，为研究噪声振动的长期环境影响提供数据支撑与科学依据。对于环评文件批复后新修订的有关城市轨道交通环保标准，建议建设单位及时予以研究，特别是对二次结构噪声影响范围较大的实际情况，按照新的标准要求提高环保措施的等级，力争在项目运营前期把污染影响解决好、控制好。

（9）验收工作早期介入，最好在试运营申请审查阶段就由竣工验收单位全面跟进，有助于资料的整理和情况的熟悉。提前开展验收现场核查工作，现场验收工作在整个过程中有一定的指导性，在具体应用阶段要对现场进行细致的考察，使其满足检查形式的基础要求。

（10）及时解决居民的合理环保诉求。地铁施工工期长，影响人群多，无论施工和运营都容易影响居民，也容易招致居民投诉。因此建设单位应做好充分的思想准备，长期应对居民的各种环保诉求。建议预留充足的资金，确因环保设施效果不理想导致污染超标的，对环保设施进行维修更换。仍然无法满足环保要求的，采取降速、搬迁、资金补偿等方式。

（11）建议对城际铁路、市域铁路等项目，从法规层面分别都再细化下发验收标准；对地铁工程的单位工程验收、项目工程验收、竣工验收的各项要求能够清单化，更有利于指导建设单位的验收与运营条件。

7.5　成功经验

7.5.1　福州地铁

福州地铁5号线（首通段），一是竣工验收阶段充分考虑了"初期运营安全评估"主控条件内容，结合交通运输部的初期运营安全评估管理办法，在竣工验收前先邀请专家组开展了初期运营预评估，对初期运营前行车安全与联调联试系统功能全面排查梳理，在竣工验收前完成整改，以满足初期运营的安全与使用功能；二是提前考虑梳理竣工验收前置条件，下发责任任务清单，定期组织验收事宜协调会，协调解决施工与调试存在问题，问题责任清单化并逐一跟踪落实，全面保障竣工验收质量。

7.5.2　中铁一院

（1）验收责任重心下移，强化企业自检，调动施工企业质量自检主观能动性。

（2）质量控制应下移至分项工程验收，为后续各项验收工作打好基础。

（3）突破"两个难点"。一是质量责任的承担和追究，施工、监理单位验收人员对自身验收内容进行负责，每项验收内容应明确到责任人，并形成可追溯记录；二是厘清轨道交通项目工程验收的定位、程序和内容，为试运行创造良好条件。

（4）做实"两项工作"。一是做实轨道交通主体结构分部工程验收工作，主体结构分部工程验收要定位于发现问题、解决问题，强化质量检测在分部工程验收的作用；二是梳理竣工验收的A类问题，进一步提高单位工程验收和项目工程验收工作实效性。

7.5.3 中铁四院

轨道交通产生的噪声、振动、废水评价范围分别执行相应的国家或地方标准，加上行业环评导则和验收技术规范等指导性标准，环境标准复杂多样，且各标准间存在矛盾，导致城市轨道交通环评和验收都具有一定的争议。

轨道交通建设项目竣工验收调查标准包括沿线敏感点声、大气、水环境质量标准，按照相关规定，原则上采用建设项目环境影响评价阶段经环境保护部门确认的环境保护标准，但是若国家的法律有新的强制性要求，也应作为验收依据。验收以环评规定的国家或地方标准为验收标准；环评后新颁布的国家或地方标准作为验收参照标准。由于环评后新颁布的环境质量和排放标准一般都会有明确的实施年限，而且一般都是国家强制标准，生态环境部门执法时会按新标准执行。

对于环评后新增项目，但未构成重大变动，不需要重新开展环评的，或部分项目在环评阶段没有明确说明所执行环境标准的项目，验收执行标准的确定，应依据污染物的实际排放去向、受纳环境的功能，依据现行环境标准提出验收标准建议，经有审批权的环境保护行政主管部门同意后，以现行环境标准作为验收标准。

8 新技术篇

8.1 概述

近年来，随着我国经济的发展，国内各省市公共交通体系的建设也在逐步推进。城市轨道交通作为现代化交通体系中载客量最大、运送速度最快的交通方式，成为全国各省市公共交通建设的重点项目。截至2021年底，中国共有50个城市开通城市轨道交通运营线路283条，运营线路总长度9206.8km。其中，地铁运营线路7209.7km，占比78.3%；其他制式城轨交通运营线路1997.1km，占比21.7%。当年新增运营线路长度1237.1km。

从轨道交通建设方面来看，截至2021年底，中国大陆地区有55个城市在建线路总规模6096.4km，在建线路253条（段），共有29个城市在建线路为3条及以上。随着国家打造"轨道上的都市圈"，推动"四网融合"以及几大都市圈、城市群多层级交通规划政策的出台，助推了市域（郊）轨道交通系统的发展，市域快轨系统制式在建规模的占比也在稳步上升。

"十四五"城轨交通已由重建设转变为建设、运营并重阶段。城轨交通新开通运营线路里程"十三五"期间呈持续上涨势头，"十四五"各年预计呈现波动变化趋势，各年不均衡，新开通运营线路规模。在近年达到峰值后有所回落。我国城市轨道交通已进入稳定发展阶段，行业技术创新的需求较过去几年并没有发生大的改变，智能、绿色、高效、可持续发展等仍是技术创新的热点，这与《交通强国建设纲要》的目标和措施是相吻合的。然而伴随着各地城市轨道交通企业因疫情影响而导致的票务及相关资源经营收入大幅下降、而防疫及其他复工复产成本明显增加的新情况，行业亟需在智慧化、信息化、工业化、标准化、节能化等方面做出突破，不断提高建设和运营水平、优化成本及风险控制，才能保障城市人民出行的需要和安全，维持甚至提高城市轨道交通行业的服务水平。下文将对智慧城轨大事、智慧城轨探索与实践、新技术新材料新工艺的应用等方面展开叙述，以展示本年度相关方向的科技创新成果。

8.2 智慧城轨大事记

根据《交通强国建设纲要》的战略部署以及《中国城市轨道交通智慧城轨发展纲要》的指引，北京、上海、广州、深圳、西安、成都、郑州等多个城市已纷纷制定了智慧城轨的发展规划和纲要。

8.2.1 北京地铁"智慧出行方案"亮相服贸会

2021年9月，在2021服贸会供应链及商务专题展上，北京地铁公司宣布了一系列"智慧出行方案"：

1.基于信用的安检系统将在天通苑等车站试点，让乘客少排队

基于信用的智慧安检设备通过人工智能的人像识别技术可识别乘客信息，实现安检、测温、检票的一体化，实现实名制通勤乘客快速通过安检。

2.基于北斗技术的站内定位系统，让车站站内导航和实时救援成为可能

目前北京很多地铁站已经完成建设，但当时并没有数字模型的方式，所以需要进行逆向数字建模，通过基于北斗技术的站内空间导航定位系统可对地铁车站的各类信息进行测量，进而绘制三维数字地图，数字地图上可以清晰地显示工作人员的位置，一旦出现紧急情况，可以随时调度处理。如一旦出现地铁站进水等情况，可第一时间调配人员物资。

3.列车鹰眼系统缩短列车间隔

智能列车鹰眼系统较之前的列车控制系统能力有了很大提升。它在车辆上增加了激光、视觉、雷达三种传感器，可以实时进行检测，将实现"车车通信"。即后一列列车能够更加精准地感知前一列列车的信息，从而进一步缩短发车间隔，让乘客可以在更短时间内等到列车。

8.2.2 "AI+轨交"：上海布局"智慧地铁"前沿技术

2021年上海市轨道交通无人驾驶列控系统工程技术研究中心发布了首批10个"AI+轨道交通"智慧场景，具体包括：智能运控（智能巡道、智能避障、智能边界防护、智能水患防护），智能车站（智能安检、智能站厅、智能站台、智能清客）和智能化验证与培训（智能培训中心、智能实验平台）三大类型共10个智慧轨道交通场景，充分展示了AI在智慧轨道交通领域应用的未来蓝图。

8.2.3 广州打造轨道交通智能运行系统

轨道交通智能运行系统定义为新时代城市轨道交通的智慧大脑，其建设目标概括为"六个构建"：构建安全可靠的运行平台、构建持续迭代开发平台、构建融合发展的数据平台、构建协同的行业技术组件库、构建便捷泛在的网络环境、构建安全绿色的基础设施环境。

轨道交通智能运行系统采用穗腾OS作为动力引擎，全面支撑乘客服务、调度指挥、车站管理、安全管理、运维管理等各类轨道交通应用。穗腾OS是基于工业互联网、物联网的新一代轨道交通操作系统，致力于为轨道交通行业的数字化升级提供底座，具备开放式、可进化、组件化、低门槛的核心特征。穗腾OS重点打造五个平台：物联平台、策略引擎平台、大数据平台、算法平台和开发平台。穗腾OS1.0于2019年9月在广州塔站示范应用。穗腾OS2.0于2021年9月在广州地铁18号线及22号线示范应用，实现了精准的乘客诱导、精准灵活的运输组织、全景管控的车站管理、体系迭代的智能运维等功能。

8.2.4 深圳地铁全自动运行试验中心投用

2021年10月13日，深圳地铁全自动运行工程试验中心正式落成。该中心位于深云车辆段，建筑面积约4200m²，设有模拟站台、模拟站厅、模拟线网控制中心，高、低速试验线和一列三节编组的测试列车，同时还配备了3D投影、VR以及巡检机器人等设备，可实现无人化值守。

试验中心的技术核心是一套由实体测试设备、仿真系统、外场测试线、试验列车组成的半实物仿真系统，可对深圳地铁既有线路系统升级改造、全自动运行多项场景进行技术验证和数据支持，还可以对下一代智慧地铁关键创新技术进行研发试验。

实验中心可以测试采用目前全球最先进的车车通信＋云平台的全自动驾驶列车在两车折返、面对面运行、任意点折返、双向穿梭等不同场景下的功能状况。实验中心投用后，不仅能大幅缩减现场测试时间，还能提高测试数据准确度。

该试验中心将建成华南地区系统装备试验、检测基地以及深圳地铁科研创新实验室，未来可大大提升深圳地铁装备水平，加速迈入智能化城轨时代。

8.2.5 成都三合一智慧城轨上线

2021年9月1日，成都地铁智慧乘客服务平台正式上线。平台覆盖成都地铁全线已开通运营的12条线路，287座车站，长达518km，是集智慧票务、智慧测温、智慧安检为一体的"三合一"城市轨道交通综合性智能乘客服务平台。

成都地铁"三合一"智慧乘客服务平台以"三线交织、层层递进、融合统一"的智慧票务、智慧测温、智慧安检子系统，响应国家智慧轨道交通建设号召，建设全程无感、无接触出行的智慧车站，不仅能有效应对世纪疫情常态化预防，还极大提高了乘客出行的安全感、幸福感。

智慧安检，由智慧检物、智慧检人、智慧监控、安检信息化等部分组成。主要通过AI判图、智能检测、智能告警等技术快速甄别、排查可疑风险，全面提升检物、检人效率与准确度、智能清扫车站安检难点盲区，为乘客安全便捷出行提供保障。

智慧测温，则主要使用红外热成像测温相机对乘客进行实时无接触式测温。该系统以无感测温的方式内嵌于智慧安检流程当中，一旦设备检测到温度异常，则立即推送告警，地铁工作人员可快速对乘客进行体温复测，为守护市民乘车安康进一步加固"防护锁"。

成都地铁"三合一"平台中的智慧票务系统，是应用于500km以上超大线网规模的全线网、全通道无接触式"戴口罩刷脸乘车"系统，方便乘客快速通行。

8.3 智慧城轨探索与实践

8.3.1 基于功能场景的智慧城轨设计思路

在国家鼓励创新、各种新技术发展逐步成熟、人民群众追求更好的生活、企业减员增效持续发展、产业迭代更新绿色发展等时代背景下，智能化、数字化、智慧化逐步成为整个社会的关注热点，"智慧城轨"也成为整个轨道交通行业重点研究课题。

为了促进我国城轨交通行业信息化的健康发展和智慧城轨的有序建设，中城协在2020年3月颁布了《中国城市轨道交通智慧城轨发展纲要》，以强国建设为战略导向，以推进城轨信息化、发展智能系统、建设智慧城轨为主题，以城轨交通的关键核心业务为主线，以数字化、智能化、网络化为手段，构建高度集成的城轨云与大数据平台，建立系统完备的技术标准体系。

轨道交通智慧化的设计和建设呈现技术先进、体系完整、功能齐全、架构简化、管理创新等特点，通过建设基于云计算、大数据、人工智能的城轨行业技术生态，在保障安全可靠前提下，开发城轨智能运行系统等技术手段，实现提升乘客服务质量、提高运营管理效率、降低运营管理成本、促进产业升级发展等目标。

建设智慧城轨实际是同步实施多类多项技术的融合发展成果，主要包括工控技术、现代通信技术、现代信息技术、物联网技术、互联网技术等，用于支撑智慧城轨体系架构的物联接入层、网络传输层、基础设施层、数据平台层、系统应用层、统一展示层的各类功能实现。智慧城轨的设计思路，应以智慧乘客服务类、智能运输组织类、智能能源管理类、智能列车运行类、智能技术装备类、智能运维安全类、智能基础设施类、智慧网络管理类等智慧功能场景为需求。

随着轨道交通智慧城轨实践与探索的深入，智慧城轨平台和应用体系的逐步建立和完善，建立以工业互联网、物联网为基础，人工智能技术为核心，乘客和设备为对象，数据驱动的技术体系。同时，智慧城轨的建设和落地将以成果效益为本质，以工程建设为依托，以运营实践为核心，循序渐进部署和推进，采用分阶段、分类别的方式来组织落实。聚焦票务服务、运输组织、调度指挥、车站管理、安全应急与维修管理等方面，逐步推进落实智慧化建设，努力打造"安全、可靠、便捷、精准、融合、协同、绿色、持续"的新型城市轨道交通体系。构建智能化的综合服务平台；搭建运能精准投放的决策平台；建设数字化的调度指挥平台；打造无人值守的车站管理模式；构建智能联动的安全应急处置平台；配置深度维修的综合管控平台。

在具体落地推进方面，将基于成熟一批、落地一批的原则逐级落地应用。第一阶段，打造示范工程车站；第二阶段，计划到2025年底，逐步实现新建线路与车站达到智慧地铁Gos3级，同期升级改造的已开通线路按智慧地铁Gos3级技术标准实施；第三阶段，计划后期规划线路逐步提升至智慧地铁Gos4级。

8.3.2 轨道交通智能运行平台

轨道交通智能运行系统由综合业务云平台、轨道交通智能运行平台、轨道交通综合指挥管理应用构成（见图8-1）。

1.综合业务云平台

综合业务云平台是基础支撑平台，为各系统提供计算、存储、网络等资源，实现了硬件资源的整合及灵活分配，提高硬件资源利用率。综合业务云平台设置了主用资源池中心及备用资源池为各业务系统提供线网/线路级云资源服务，同时在车站、段场设置边缘云节点为站级业务提供云资源服务，业务系统基于综合业务云平台可实现快速部署。

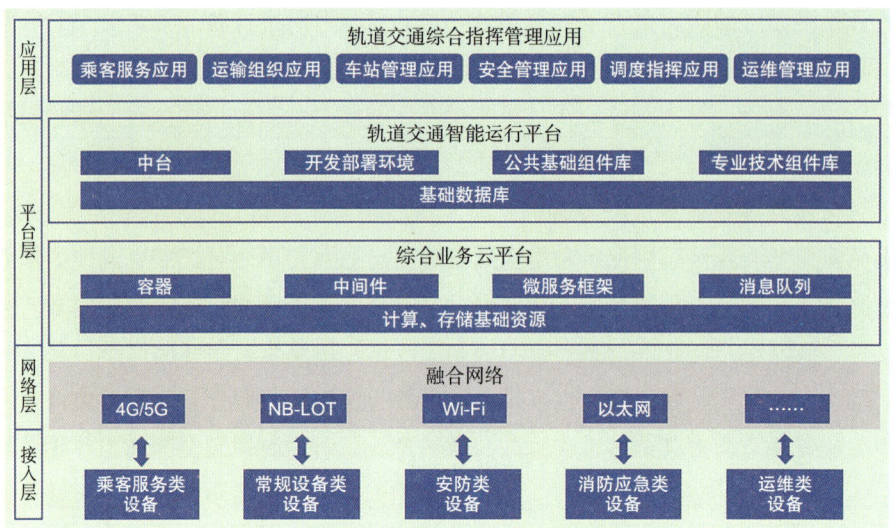

图8-1　轨道交通智能运行系统架构示意图

2.轨道交通智能运行平台

轨道交通智能运行平台利用中台技术、大数据技术、物联技术等构建统一数字底座，为各应用提供开发、部署环境，并共同构建组件库，实现数据共享、经验复用、灵活更新迭代（见图8-2）。

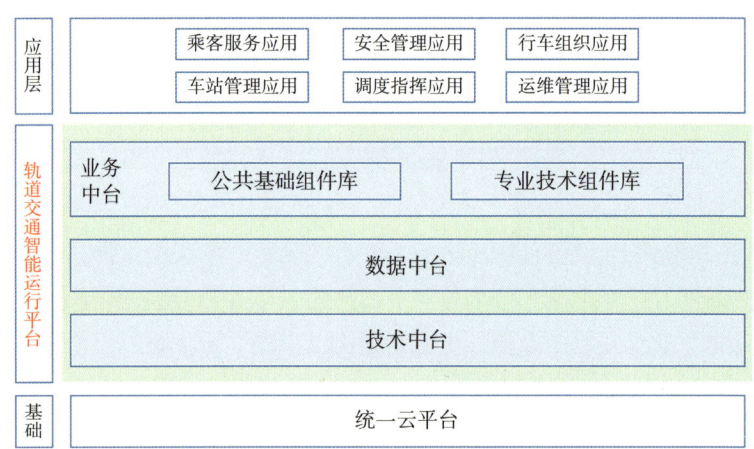

图8-2　轨道交通智能运行平台构成示意图

中台是轨道交通智能运行平台体系架构中最核心的部分，主要包括技术中台、数据中台和业务中台。

技术中台将通用的基础技术模块进行沉淀，主要由物联平台、算法平台、微服务平台、策略引擎、开发环境、容器集群、中间件、分布式数据库等构成，为业务应用提供技术支撑。

数据中台由基础数据库、数据采集层、数据处理层、主题库、专题库、数据服务、共享交换等模块构成，为业务应用提供数据服务。

业务中台主要提炼出轨道交通各类业务中最核心通用的共性需求，并沉淀为组件化的共享服务给前端各类业务使用。业务中台内的组件库根据界面划分可分为公共组件库和专业组件库。

3.轨道交通综合指挥管理应用

轨道交通综合指挥管理应用是服务于城市轨道交通的各类应用，具备乘客服务、调度指挥、车站管理、运输组织、安全管理和运维管理等各项功能，各项功能由各专业共同基于轨道交通智能运行平台构建。

轨道交通综合指挥管理应用将线路线网两级进行融合，按照站级和中央级两级架构进行指挥管理模式的设计，运营人员可根据管理需求设置线网级终端和线路级终端。

8.3.3 智慧乘客服务体系

1.便捷

（1）提升票务智能化水平

在乘客自愿的基础上，建设开放共享型多维度乘客"画像"信息库，乘客"画像"信息库关联乘客非生物及生物特征标签、身份信息、信用支付等信息，并以此为基础，在乘客进出站时，通过高清摄像头、智能传感器等智能辅助检测设备，捕捉乘客面部及眼部或其他标签特征，实时感知乘客的进出闸信息并在后台办理信用支付结算，乘客无需持票操作，提升乘客出行体验。

除无感支付外，全面支持全场景移动支付、语音购票、电子货币支付、现金支付等多种支付功能，为乘客出行提供极大的便利。

（2）线上智慧客服服务

完善智慧客服服务，丰富APP功能，借助智能机器人技术及互联网技术，以移动终端应用为核心，深化线上客服处理渠道，向乘客提供如同智能管家般的服务。

提供线网图查询功能，包括：线网图、线路名称、中英文站名以及各条线路站点列表等。

提供出入口信息、卫生间信息、无障碍设施信息（直升梯、盲道）、首末班车时间、换乘邻线首末班车时间等信息。

提供各出入口街道、公交线路、主要机构、重要建筑、银行、超市、便利店、一通卡充值点等（名称、距离、地图位置）。

结合大数据平台获取的天气状况、交通管制及堵塞、重大会议、重大活动等即时信息，实现APP或小程序所承载的主要信息发布平台的信息联动，向乘客推送特殊场景下的出行诱导信息（如出入口开关情况、车站限流情况、延长运营信息等），并结合乘客出行的服务诉求以及精准定位，实现对乘客出行全过程的服务关怀、安全提醒及精准的增值服务推介。

提供法律法规、乘客守则、票务指南、安全须知等乘坐指南；实时向乘客发布、推送客流、故障、限流等出行指引信息；集成官方微博或建立与乘客的互动交流平台、热线电话等。

提供覆盖乘客出行全过程的信息服务，在客流控制、安全应急、天气异常等情况下能够及时告知乘客出行建议，实现与城市交通的信息共享。

可提供智能语音沟通，能够帮助乘客处理如出口查询、洗手间查询等服务求助。

2.精准

（1）提供智慧出行咨询

聚合多平台出行服务，建设后台集中客服中心，设置专业高素质的客服代表群，通过智能语音应答、乘客信息的可视化、人工智能等手段，利用丰富的客户服务载体，实现与乘客的远程音视频智能语音识别及自动应答交互、后台客服代表"一对一"的交谈互动。根据乘客的需要，解答客户的疑问，远程指导乘客操作，帮助乘客快速掌握和完成各种业务。

在车站设置多种现场客服设备，乘客可灵活使用现场配置的客服感知设备，通过自助操作、智能语音及后台客服代表问询等方式，完成票务资讯、票务处理、线路查询、换乘指导、站内导航、站外导航、运营信息资讯、周边信息资讯等"一站式"乘客信息资讯快捷服务。

按需求定制化提供多种出行解决方案，通过线网图选择站点或输入方式查询乘坐线路。包含：推荐乘坐路线、乘车预计时间、票价（单程票、一通卡）、途经站点数量、换乘次数。乘客可自定义日常通勤或出行方案（如经常乘车车站、上下班时间、到达地铁站的交通方式等），系统智能推送提示信息（如天气信息、路况信息、P/R信息、车站客流状况、临近列车到站时间等）和出行建议。同时，互联交通运输方向应用平台充分利用火车、公交、共享单车等外联数据信息，达成多级联动，实现乘客出行服务链的无缝衔接。

（2）提升列车智能服务水平

提升列车智能服务水平，打造数字化车厢空间，全天候监测车厢内环境及设备状态，为乘客提供实时、多元化、全方位信息服务。

智能乘客信息服务充分利用新媒介方式，将车厢打造成数字化空间，通过车门上方及通道屏幕，让车厢内各个位置的乘客了解列车站台基础设施导航、站台出口、运行线路等信息。列车启动后，分别播放列车当前位置、线网图以及前方车站三维示意图，乘客不仅可从多个角度查看站台周边景点等信息，也可透过车窗观赏外面美景，为乘客提供科技感十足的乘车体验。

通过空气质量检测模块、感知摄像头和疲劳检测传感器等车内感知设备，全天候监测车厢内状态，实现对乘客的倒地、呼救、未佩戴口罩以及司机的疲劳行为等异常情况检测报警，并将报警信息发送至站务及司机显示终端，提示工作人员及时处置。此外，为提高乘客乘车舒适度，车厢边缘计算模块可实时检测车厢拥挤度情况，联动车厢及站台显示终端显示，方便乘客合理候车。

通过获取抽象的乘客头部、肩膀等特征，对图像进行辨识和分类，识别乘客标志，通过分析信息的汇总，结合车厢承载阈值，判断车厢的拥挤程度。

列车到站完成停车作业并关闭车门后，利用车门上方传感器扫描车门与屏蔽门间隙区域，判断间隙内是否有乘客存在，识别人员受困的安全隐患。

数据分析监测服务实时获取车内满载率、温度、湿度、CO_2、PM10等环境状态信息，为运营监控、舒适度改善、设备监测提供数据依据。

3.高效

（1）研发智慧客流管理系统

实现车站微观客流监测与预测，利用车站定位数据、AP数据、AFC的OD数据、视频分析数据、安检数据、设备蓝牙数据等，运用贝叶斯分类分析、聚类分析等AI智能算法，生成车站微观客流预测模型，对将要出现的潮汐客流、突发客流进行预警，并作为线网客流预测的数据输入。

以车站微观客流数据为基础，结合实时清分数据和互联网数据，实现线网客流实时监控，通过AI算法模型对整个线网进行中观客流预测，为城市轨道交通运力精准安排，编制行车组织计划、优化并达成最合理科学的行车组织方案、站内客流组织换乘优化、分析运营效果提供数据支撑，并作为宏观客流预测的输入数据。

对站点客流进行实时监测和统计，监测的内容主要包含车站、安全通道的客流量监测、各个闸机群的客流量监测、各个出入口的客流量监测、站点实时时刻的进站量、出站量和换乘量监测、线网各个断面的实时客流拥挤度监测、线网整体的实时客流拥挤度指标监测等，针对各个点位的客流设计容量和实际客流指标的比对，对超出设计容量一定阈值的情况进行预警。

对站点信息、客流数据、视频监控等数据进行综合分析，依据客流预测模型，对每个站点高峰、平峰、工作日、非工作日的客流进行预测，实现站点客流拥挤事件的监测预警。

对多维度客流数据做集成展示，将所有客流的数据，从线、站、客流情况、常用出入站和客流的同比趋势等多维度去分析，并对异常客流从天气、活动、日期等影响因素去分析建模，找到影响因子，为运营过程中的决策提供数据支撑。

（2）研发智慧车站系统

通过车站内部、外部"人、机、环"所有人员情况、设备设施的全方位动态感知、智能分析、预判，实现车站安全全景监控、预警、处理及策略生成。

实时提供车站全场景动态信息服务、显示列车到发时刻、乘客诱导、车厢拥挤度、前方换乘站客流等动态信息。提供车站出入口、服务设施位置及地面建筑物等信息。实现车站的全息感知、自动运行、全景监控、自主服务及其与周边商业、公共服务设施的一体化信息共享及联动的应用。

4.经济

（1）智能环境动态调控

通过环境与设备监控系统对轨道交通内部的温度、湿度、照度、二氧化碳浓度、可吸入颗粒物、噪声、渗漏水、新风量等环境因素进行采集和监测。

建立智能环境动态调控，车站环控系统实时智能感知车站温度、湿度、照度等情况，同时引入外部气温、暴雨、台风、地震等气象信息，根据季节、温湿度、客流等变化，对日常环境变化趋势进行数据分析，同步调整车站环控模式，自动调节温湿度、照度等，维持站内良好的环境舒适度，为乘客提供舒适环境。

通过分布式现场控制网络集成各类计量装置与监控终端，实现地铁能源数据实时在线采集和分类、分项计量。根据地铁运营时间、客流量的特点，采用节能设计方案，将空调机组、风机、风阀、二通阀、传感器（温度、湿度、CO_2浓度等传感器）以及水系统设备接入节能控制系统，利用系统内的数据模型及相关节能策略实现环控系统内的风系统和水系统的最佳联动控制，降低系统能耗。

（2）建立智能安检（防）系统

为了保证安全的前提下满足城市轨道交通大客流快速通行的要求，地铁汇聚乘客"画像"信息及社会征信数据进行综合评估，对安全性相对较高、日常通行频繁的常规乘客，在规章制度允许的情况下，通过准确的乘客身份无感智能识别，向乘客提供简化、快捷的安检方式。

融合基于乘客身份无感识别的无感安检及无感票务的服务应用，建立智能安检（防）系统，将检票设备与安检设备融合，开发一体化票务安检无感通行装置，采用视频监视、生物识别、人工智能等技术，开发基于统一的乘客"画像"信息的票务及安检后台，乘客"一站式"完成安检及检票无感服务，探索与城轨交通客流相适应的智慧安检探索票检、安检合一的新模式，研究实现

"人""票""物"以及异常行为四合一核验，避免乘客出行过程中的多次阻拦，提升乘客通行体验的同时，提升地铁线网大客流通行能力。

8.3.4 智能运输组织体系

构建网络化智能运输组织体系和线网调度指挥中心，部署运输组织辅助决策系统，达到高效、协同、自适应和经济的智能运输能力（见图8-3）。

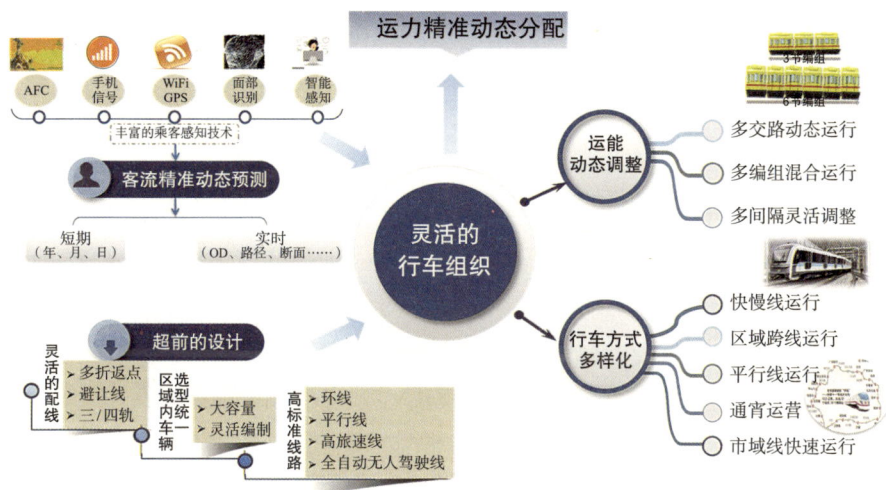

图8-3 智能运输组织体系示意图

1.高效

重点目标可视化、信息获取立体化、调度决策精准化，构建全面感知、数据驱动、协同高效、智能决策的调度指挥体系。

自动化、精准化、模块化设置预案，对日常运营、紧急情况提供高效的协助。

2.协同

开发一体式信息报送系统，增强与外单位的信息共享和协调联动，实现城市轨道交通动态运作、突发事件协调处置、乘客出行友好体验等功能需求。

对外部侵入及恶劣天气情况能够即时识别并触发报警，实现异常状况自动报警及数据信息推送，联动设备及人员及时处理。

3.自适应

实时自动评估列车和车站的拥挤状况，结合预测客流情况自动增加或减少上线列车，灵活调整行车间隔，实现基于客流的运能动态调整和精准投放。

通过车站全方位实时客流监测和精准预测，生成仿真流线，实现冲突及拥堵点的监测、识别和报警，触发相应的流线优化模式。

4.经济

实现车站区域中心化管理、站务移动化运作以及车站自动化巡视等，从而节省人力投入。

在运营时，动态调整运输能力，实现运力的精准动态分配，提高运输效率。

目前广州地铁线网指挥系统二期工程正在实施，综合已运营线路、在建线路、有轨、城际建设运营一张网的实时监视，将实现运能运量精准匹配、适应线网运输互联互通、乘客出行快捷便利、网络化运输组织高效的要求。

8.3.5 智能能源系统体系

1.循环

（1）设置中压逆变型再生制动能量吸收装置，吸收列车再生制动能量，节能稳压。

城市轨道交通地铁供电系统中，普遍采用直交变压变频的传动方式，列车的制动方式为电制动（再生制动）和机械制动，列车运行中以电制动为主，机械制动为辅。列车在运行过程中，由于站间距离短，列车启动、制动频繁，制动能量相当可观，能量装置根据各个传感器检测信号，综合判断直流电网是否有列车处于再生电制动状态，一旦确认列车处于再生制动状态并需要吸收能量时，启动能量吸收回馈装置。

当处于再生制动工况的列车产生的制动能量不能完全被其他车辆和本车的用电设备吸收时，牵引网电压将快速上升。网压上升到一定程度后，牵引变电所中中压逆变型再生制动能量吸收装置投入工作，吸收多余的再生电流，使车辆再生电流持续稳定。同时将逆变的电能经滤波、升压后并入35kV中压电网系统，供其他负载消耗。

此项技术减少了隧道内部通风散热负担，改善了地铁隧道内部乘车环境，同时还能实现再生制动能量的二次利用，达到节能环保的目的，具有较好的经济效益。

（2）部分生活生产用水可用中水代替，循环用水，节约水资源。

在场段，可将雨水收集并集中处理后，达到一定的标准回用于场段的生活生产用水，如绿化灌溉、车辆冲洗、道路冲洗等，从而达到节约用水的目的。

2.绿色

（1）采用节能环保的装修材料。

整体装修在满足交通建筑使用功能的基础上适度而为。车站装修设计除要求安全实用外，还应便于运营维护，延长使用寿命，采用节能环保材料，强调通过设计手法的运用，达到粗料细作的要求。

（2）地面建筑节能重点在于改善围护结构的保温，加强各种自然通风手段。

采用各种屋顶遮阳、外墙遮阳、窗户外遮阳等措施减少太阳辐射；加强各种自然通风手段，通过自然通风缩短空调运行时间。

3.节能

（1）优化线路、轨道等基础条件的节能设计；优化单机设备的选型，提升其效率。

线路：

线路专业通过在纵断面的设计中合理选择节能坡的长度和坡度，实现节约牵引能耗的目的。坡度与坡长是节能坡设计的核心，该部分的研究一直在进行中。依据国内目前的研究结果，列车最高运行速度为80km/h的线路，根据模拟计算，节能坡坡度在20‰～28‰之间，坡长取值范围在220～300m左右比较节能。经初步核算，采用以上建议的节能坡、节能坡后接续坡段的坡度、坡长设计后，可以降低列车牵引电能消耗约20%～35%。

节能坡的设计是线路设计的理想状态，但是在实际的工程实践中往往难以实现理想状态节能坡的设计。纵断面的设计要综合其他因素，比如线路所穿越区域的地质条件、地下构筑物、河流以及规划条件等外部条件，还有工程本身的列车编组、车辆性能、区间长度和列车最大运行速度均对节能坡的设置有影响。因此评估线路纵断面设计是否合理需结合工程实际情况，评估的标准不能呆板套用。

轨道：

正线及辅助线采用单趾弹簧扣件，该扣件为无螺栓扣件，技术成熟、扣压力稳定，不需进行T型螺栓涂油，轨道扣件维修量较小。

中等减振措施采用GJ-Ⅲ型减振扣件，可单独更换胶垫，更换性较好。高等减振措施推荐采用固体阻尼钢弹簧浮置板，特殊减振要求的地段推荐采用钢弹簧浮置板结构，这些措施在国内地铁都有大量采用的工程实例，能够满足结构成熟、维修方便、维修量小的要求。

为减少轮轨磨耗及钢轨接头冲击引起的振动和噪声，保证乘客舒适，降低养护维修量，延长轨道、车辆部件、主体结构的使用寿命，正线及辅助线应按下列要求铺设无缝线路：隧道内直线和R≥200m曲线地段铺设无缝线路。无缝线路的长度以道岔分界，在道岔前后需各设一根25m的缓冲轨，区间全部焊联，焊接优先选用接触焊。

正线及辅助线考虑采用混凝土长轨枕、道岔区采用合成树脂长轨枕。采用混凝土长轨枕整体道床有利于施工精度控制、加快施工进度。

车辆：

车体及转向架等部件采用碳纤维、聚碳酸酯、铝镁合金等轻型材料实现轻量化设计，整车减重13%以上；采用主动悬挂技术，在行驶途中针对车厢产生振动对悬挂系统的阻尼进行动态调整，使悬挂系统时刻处在最佳的状态；转向架采用主动径向系统，改善车辆曲线通过性能，缩小转弯半径，大幅降低车轮磨耗。

电机磁通密度高、动态响应快，转速同步性和宽调速范围的特点，提高车辆调速的精准性。实现无齿轮箱传动，减轻车重，可降低机械传动噪声15dB，提高乘客绿色出行的获得感。由于采用无齿轮箱直接驱动方式，机械磨耗小，全寿命周期成本低；可将轴距由2.5m减少为1.6m，转向架自由空间大，径向调节能力强，适应较小曲率半径的复杂线路条件。永磁同步电机具有广泛的应用前景，必将形成轨道交通牵引系统的产业优势；采用轻量化的车身及转向架，降低列车牵引能耗；研究采用新型高效列车空调系统，减少列车辅助系统能耗（见图8-4）。

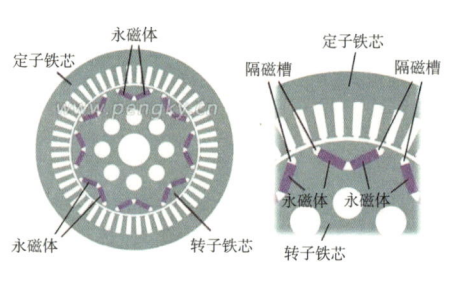

图8-4　电机示意图

对"6动2拖"动力编组的列车，可用"4动4拖"编组替代，节省2辆动车牵引系统，整列车成本可降低20%。降低工作电流强度利于电机的冷却，可有效提高车辆牵引动力系统可靠性。

通风空调：

采用高性能磁悬浮冷水机组、节能可靠EC（永磁直流无刷）风机、低阻力可变风路空调器、管路优化装配式制冷机房。

动力照明：

采用节能效果好，显色性好的LED等绿色光源和节能高效灯具。设置智能照明控制系统，可调节照明的开关、亮度、各类模式等，从而达到节能的目的。

扶梯：

采用全变频节能方案，可通过感应装置变频调速，降低扶梯运行速度或停机，从而达到节能的目的。

自动扶梯的节能模式采用通过感应装置，在有人乘坐扶梯时，扶梯以正常速度运行，当无人乘坐时，通过变频调速，降低扶梯运行速度或停机。

给水排水：

在选择节水器具时，应兼顾卫生、维护管理和使用寿命。公共部分优先选用非接触型光电感应式、延时自闭式或停水自闭式水龙头；优先选用感应式、自闭式或脚踏式高效节水型小便器和蹲便器，残疾人卫生间选用3L/6L两档节水型坐便器。给水排水管网中应合理设置检修阀门的位置，避免检修时水资源的漏损；选用密封性能较高的阀门等。

（2）通过节能控制手段，实现设备的节能运行，高效运行（示意图见图8-5）。

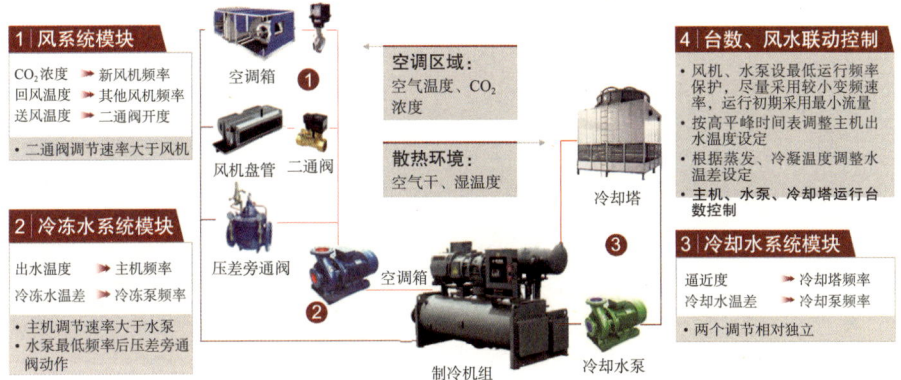

图8-5　通风空调设备节能控制示意图

通过节能控制策略，实现通风空调设备节能控制的目标：

◇ 实现变频设备按外部输入条件进行调频运行；

◇ 不同负荷状况下，自动实现冷水机组在高效区按需运行；

◇ 水系统变流量运行，使水泵处于高效区运行；

◇ 冷却塔最低出水温度运行，为主机提供最优冷却效果；

◇ 空调末端水量按需供给，保证实际供回水温差≥设计温差；

◇ 制冷机房COP最优运行、空调系统能效COP最优，制定具体考核值；

◇ 风系统、水系统联动控制。

4.经济

（1）实现线网、线路、车站层能耗数据的实时采集、处理、存储、传输和展示。

城市轨道交通能源管理系统架构，应包括线网层能源管理中心总平台、线路层能源管理中心平台、车站层能源管理基本单元以及系统网络结构、软件与数据库结构。

城市轨道交通能源管理系统数据类型应包括：

◇ 线路及运营基本信息；

◇ 能源分类、分项、分级、分户能耗数据；

◇ 能源质量监测数据与系统及其设备运行状态信息；

◇ 第三方系统如既有的电力监控（SCADA）、环境与设备监控（BAS）、自动售票（AFC）、综合监控（ISCS）等系统获取有关的数据信息。

（2）建立城市轨道交通全网能耗评价指标体系，对全网用能系统进行考核

建立城市轨道交通全网、各线路、各站点的能耗评价指标体系，依据各类能耗标准及定额对全网、各线路、各站点用能系统进行考核。能耗评价指标体系覆盖电、水、气等各类能源系统，以及各车站、控制中心、车辆段与综合基地等、各线路、线网。

系统应按照考核指标的相关内容生成报表，并自动分析当前用能达标与否，并对能耗异常情况进行报警，及时排除异常或采取相应的措施。同时根据各部门的能耗发展趋势，对能耗增长过快的部分进行预警。

构建合理有效的KPI指标体系，结合轨道交通运营单位考核管理，促进各单位、各部门及其员工行为节能，减少能耗，降低用能支出，提高运营效益。

8.3.6 智能列车运行体系

通过建设全自动运行系统（FAO）、列车自主运行控制系统（TACS）、多网融合的列控系统等，实现建立智能列车运行体系，确保轨道交通列车"安全、高效、灵活、融合"的运行控制和管理。主要体现在以下方面：

8.3.6.1 安全

1.全自动运行系统（FAO）

全自动运行系统通过新增和增强多重的安全保障策略，确保列车运行安全、设备运营安全、系统功能安全、应急保障安全以及运营环境安全等（见图8-6）。

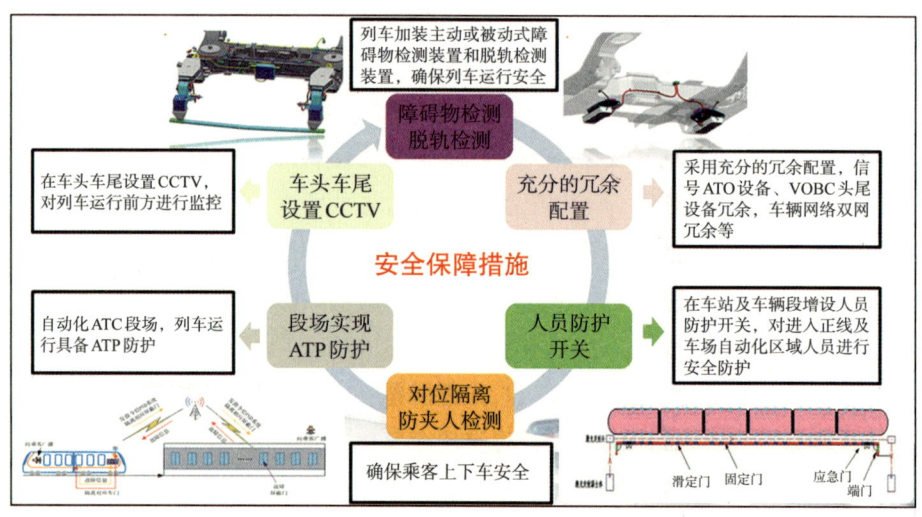

图8-6 全自动运行系统提升运营的安全性

（1）采用充分冗余配置，提升可用性和可靠性

全自动运行系统的控制中心、车辆、信号等关键运行设备均采用冗余技术，减少运行故障，完善的故障自诊断和自愈功能更是提高了整个系统的可用性和可靠性。

信号在既有设备冗余的基础上，增强了冗余配置，包括：车载控制器头尾设备冗余、与车辆接口冗余等。车辆加强了双网冗余控制，增加与信号、PIDS的接口冗余配置等。

（2）增加安全防护设施，提高安全防护能力

全自动运行系统对列车运行全过程进行安全防护，主要包括：

◇ 增强运营人员防护功能：在车站及车辆段增设人员防护开关，对进入正线及车场自动化区域人员进行安全防护。

◇ 增强乘客防护功能：通过车门与站台门的对位隔离功能、站台门防夹人检测功能，对乘客上下车进行安全防护。

◇ 扩大了ATP的防护范围：车场自动化区域内列车运行ATP防护。

◇ 增加了列车轨道障碍物、脱轨监测功能：列车加装障碍物监测装置和脱轨监测装置，实现轨道障碍物和脱轨监测功能。

◇ 增强了应急情况下的各系统联动功能。

◇ 增加中心处理突发情况的防护能力，包括：远程紧急制动及缓解、远程扣车、雨雪模式、远程复位等。

2.列车自主运行控制系统（TACS）

列车自主运行控制系统（TACS）优化系统架构，控制流程优化，系统响应更快；轨旁设备减少，故障率降低，提高运营安全。

系统结构方面，主要行车指挥设备采用安全冗余结构，其中ATP子系统采用2乘2取2或3取2冗余架构，ATS子系统和ATO子系统采用冗余结构。

从整体控制流程来看，常规的CBTC系统从中央到轨旁的信息流包括：

ATS设备→车地无线设备→车载设备→车地无线设备→区域控制器设备→联锁设备→目标执行单元→轨旁设备

对于TACS系统，中央到轨旁的信息流包括：

ATS设备→车地无线设备→车载设备→车地无线设备→资源管理设备→目标执行单元→轨旁设备

在各子系统设备具有相同可靠性指标前提下，TACS系统信息控制流比常规CBTC系统短，因此TACS系统整体安全可靠性较高。

建设网络化列车运行关键设备的全寿命周期健康管理系统，提高车辆、信号、供电、轨道等设备的智能运维水平，保证列车运行安全。

8.3.6.2 高效

1.全自动运行系统（FAO）

支持运力精准投放，提高线路运能：全自动运行系统可以缩短车站的停站时间，提高行车密度和全线的旅行速度，缩短行车间隔，提高运能。常规地铁系统实际最小运营间隔在现有技术条件下较难达到2min以下，要解决特大城市地铁客流，特别是早、晚高峰时期客流需求，必须切实研究新技术，全自动运行技术可以提高行车密度，实现最小运营间隔小于2min，提高运营能力，挖掘地铁运输潜能。

FAO系统比常规的有人驾驶系统减少了人为的因素，提高了设备的可靠性，缩短车站的停站时间，提高行车密度和全线的旅行速度，缩短行车间隔能增加运能，节省在线运营车辆配置数量。

2.列车自主运行控制系统（TACS）

TACS系统不受联锁进路约束，对轨旁资源进行精细化管理。列车根据运行任务按需逐段申请轨旁资源，并根据列车的精确定位逐段释放其不再需要的轨旁资源。在上一列车出清折返线的道岔范围后，系统可释放该道岔资源，并将资源分配给下一列折返列车，这种资源管理方式可大幅提高道岔区域的列车通行效率，减少列车折返追踪间隔，进而提高列车折返能力（见图8-7）。

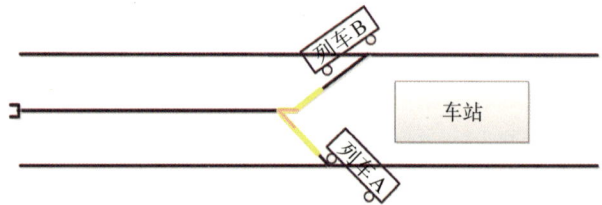

图8-7　TACS系统列车折返示意图

在TACS系统中，列车根据运行任务自主申请轨旁资源，并通过车车直接通信获取前方列车位置。在获得轨旁资源和前车位置信息后，车载控制器自主计算移动授权，进而控制列车运行。

与基于车地通信的CBTC系统相比，TACS系统内部信息流传输链路大幅缩短，实时控制效率更高，折返效率也更优。

8.3.6.3 灵活

1.全自动运行系统（FAO）

FAO系统摆脱了有人驾驶系统司机配置和周转的制约，不受司乘人员的限制，可以实现不间断的运输服务。根据运输需求灵活地调整运营间隔，随时增、减列车，提高系统对突发大客流（大型活动，如体育比赛）的响应能力。

2.列车自主运行控制系统（TACS）

TACS系统采用线路资源管理方式，且列车作为资源申请主体，列车在线路上更为灵活，通过改变列车目的地可实现列车在任意点折返，因此TACS系统支持更为灵活的运营组织。

3.灵活编组和协同编队

采用灵活编组和协同编队技术，实现列车协同最优控制。

基于运营部门的客观需求，在客流高峰期，采用长编组（固定长编组和短编组组合）的运营模式；在客流平峰期间，采用长编组（固定长编组＋短编组）的组合运营模式。通过采用灵活编组的方式，能够根据不同的客流需求实现精准运能投放，降低运营成本，同时使运营服务水平保持相对较高的水平。

实施灵活编组方案后，线路上将可能出现3节编组、6节编组和"3+3"编组3种编组列车。不同编组列车具备不同的运能，运营使用者可根据全日客流变化制定运营组织方案。适应全日客流变化的运营组织方案是指在目前预测客流水平情况下，为保持服务水平，在高峰小时开行大编组列车（包括6节编组和"3+3"编组），在平峰时段开行部分或全部小编组（6节编组和部分3节编组，或者全部3节编组）高密度列车。

通过车与车直接无线通信，使后车获取前车的运行状态，控制后车的运行，从而通过无线通信实现多列车以相同速度、极小间隔的列车协同运行方式。通过这种方式，以一定距离保持同步运行的列车可以看作进行了联挂，与传统方式相比将传统的物理车钩联挂变成了无线通信联挂。

在虚拟编组地铁运营中，同一线路上的不同车次列车可根据运营需求在车库或车站进行停车状态下的虚拟编组，编组后的地铁列车组可看成一列地铁列车进行运营调度。在线上运营的地铁列车，也可根据运营需求在区间通过虚拟编组技术，在不停车的状态下进行联挂，以缩短列车间追踪间隔。

当虚拟编组的地铁列车组需要进站停车时，在站台长度允许的情况下可以编组状态进站，在站台长度不允许虚拟编组的所有列车同时停靠时，虚拟编组列车在区间内解编成站台允许停靠的小编组依次进站，出站后根据需求再进行编组。从而实现地铁列车的动态编组和解编，以满足地铁列车动态调度提高客流适应性的需求。

8.3.6.4 融合

目前国内轨道交通领域国铁采用的是CTCS0～3级列控系统，实现向下兼容，不同线路间互联互通。城市轨道交通领域主流列控系统为CBTC系统，不同线路间采用不同厂家的CBTC产品难以互联互通。解决CBTC与CBTC线路间的互联互通、CBTC与CTCS线路间的互联互通是实现轨道交通线网融合的关键核心问题。

1. CBTC系统互联互通

装备不同信号厂家车载设备的列车，可以在装备不同信号厂家轨旁设备的一条轨道交通线路或多条轨道交通线路上无缝互通，安全可靠运营以实现城市轨道交通CBTC系统互联互通，能够支持轨道交通网络化运营，实现轨道交通线网建设和运营的资源共享。

重庆轨道4、5、10号线和环线已实现不同厂家CBTC系统间互联互通的工程化应用。

2. CBTC与CTCS系统间互联互通

地铁线网与城际线网互联互通是典型的线网融合需求，各自采用的CBTC系统、CTCS-2+ATO系统间的互联互通是实现融合的核心关键。

对于列车控制系统而言，实现跨制式线路之间互联互通运行，需要解决系统差异性问题。技术路线主要有双套车载、融合车载两种方案。

（1）双套车载方案

双套车载方案采用核心车载控制单元独立，基础设备共用原则。在该原则下，既有地面系统保持不变，车载系统通过安装CBTC/CTCS双套列控系统单元实现CBTC系统与CTCS系统跨区域无缝切换的方式。

在CTCS区域和CBTC区域采用各自独立功能逻辑，车载系统在CTCS区域运行CTCS系统逻辑，与地面、轨旁系统的连接和处理方式不变，在CTCS与CBTC系统跨区域部分，需解决跨区域间的相互切换，进入CBTC区域后，可选择与CBTC区域运行的相关系统处理方式，在保持地面设备逻辑功能不变更的情况下，最终实现CTCS与CBTC系统的互联互通。

基础设备共用方面，测速测距设备：运行在CBTC区域与CTCS区域均使用统一的测速测距设备，为车载系统提供精确的测速测距信息；系统定位设备：在CBTC区域与CTCS区域均使用统一的应答器设备和兼容的应答器传输系统软件，为车载系统提供定位和部分线路数据信息。无线接入设备：运行在CBTC区域与CTCS区域，车载装备兼容LTE-M/GSM-R无线网络的多制式移动终端，地面部署LTE-M/GSM-R双重通信网络覆盖。

（2）融合车载方案

融合车载方案采用深度集成方式，通过对车载列控系统的深度兼容设计，实现车载一套硬件设备兼容地面CTCS和CBTC系统。其中车载系统可使用统一的硬件平台实现CTCS和CBTC系统的相关车载软件功能，在跨区域部分进行与地面不同设备连接并完成交互，从而达到无缝切换。

8.3.7 智能技术装备体系

1. 先进

结合轨道交通"四网融合"的大背景，重点研究市域（郊）铁路网与城市轨道交通网的互联互通，使得地铁线路向郊区延伸的同时，市域线路也延伸至周边城市。随着时空距离的变化，乘客出行的服务需求将会发生变化，研究适应不同运量的其他智能化新型轨道交通制式的车辆，同时引入更多的先进智慧化、人性化服务设施。例如，车窗触控显示屏、智能运维设施、碳纤维材料、碳化硅逆变器、永磁牵引电机、全主动悬挂系统等新技术应逐步开展应用和探索，对现有轨道交通制式的车辆智慧化等新技术的技术标准进行适当提升。

应用新一代通信技术和人工智能技术，研制虚拟连挂的多列车协同编组技术和协同编队功能的车辆。结合"四网融合"的轨道交通建设新机遇，实现区域内城际、市域、城轨间的互联互通和协同组织，基于精准的客流预测，实现"灵活的运能配置、多样化的行车方式"的目标，提高乘客出行的便捷性，全面提升网络化运营服务水平。

结合5G标准进程的发展、频谱资源、行业商业模组开发等逐步开展5G轨道交通应用，可通过与运营商合作科研、搭建试验网等方式逐步验证非行车调度业务的综合承载（见图8-8）。

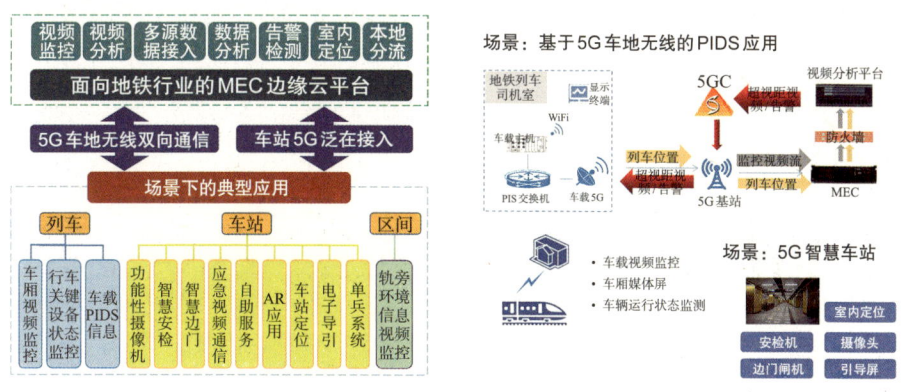

图8-8　5G技术轨道交通应用示意图

2. 智能

构建安全可靠、持续迭代、融合发展、协同的轨道交通智能运行平台，解决多类设备接入、多源数据集成、海量数据管理与处理、数据建模分析、业务应用创新与集成、知识积累迭代实现等一系列的问题。通过共享资源池的方式统一管理资源，提供应用功能资源池和数据资源池，能为各专业应用系统提供功能与数据的贡献和分享能力，可减少应用系统的重复功能开发，同时提供综合分析和展现的能力。具备开放和可迭代的特点，汇聚协同统一的交通行业通用技术组件和通用AI技术组件，为上层业务应用提供基于行业技术组件库、快速拼装业务能力，提高应用开发的交付速度。

结合国内外主动障碍物检测系统的研究和应用情况，设置列车障碍物主动探测系统，通过激光/毫米波雷达、红外激光技术识别、智能摄像识别等多种障碍物探测、感知技术和机器视觉自动检测设备综合应用，精准探测轨道障碍物，联动信号控制，控制列车紧急制动，辅助车辆安全运行。

通过超高清智能视频监视系统构建城市轨道交通安全防范的"天眼"，对城市轨道交通进行全域视频覆盖。在站厅、出入口、安检处、检票处、车辆基地周界等区域广泛应用智能视频分析技术，实现安防、车站管理、乘客服务和设备管理多层域的综合功能。

3.集约

构建超大容量、全分布式组网的新一代有线承载网络，重点关注OTN、SPN等新型传输网络技术，为轨道交通各专业传统业务、云平台、大数据、智能化应用等提供更高速、更安全、更可靠的通道，实现单系统多业务的统一承载和丰富完善的运维管理措施。

构建集约型、大带宽的车地无线通信网络，重点关注WiFi-6、EUHT、LTE-M等技术。研究大带宽的列车视频监视业务、列车PIS多媒体业务、车辆状态数据业务等大颗粒车地数据传输业务的综合承载，搭建基于WiFi-6、EUHT等技术的多媒体宽带车地通信网络；研究行车控制业务、无线调度业务的综合承载，搭建基于TD-LTE技术的行车调度综合承载网。

4.成本

借助物联网、云计算、大数据、5G、人工智能等新一代信息技术手段，改变轨道交通传统运营模式下数据孤岛、信息闭塞、响应低效、流程繁琐等问题，强调数字化、智能化、网络化的运营要求，形成一键开关站、智能应急预警处置等的多态场景应急管理能力，为传统轨道交通注入现代化的发展元素。研究智能巡检机器人、能源管理系统、协同站务管理、综合设备运维等应用，提升运营维护效率，降低运营成本。

8.3.8 智能基础设施体系

城市轨道交通高效快速的运输能力已成为大中城市的主要运输工具之一，其主要基础设施是地铁隧道、地铁站和周边保护环境等，运用新型技术手段，实现对城市轨道交通基础设施的监测、预警及自动保护等功能，降低地铁保护区巡线人员工作负担，提高对侵害行为的监测和反应速度，形成"数字化、感知、安全、高效"智能基础设施体系。

采用基于三维数字设计和工程及管理软件集成的建筑信息模型（BIM）技术，构建"可视化"的数字建筑模型，打造为建设、设计、施工及运维等各环节提供"模拟和分析"的统一科学协同平台，通过BIM轻量化，实现移动终端对模型的浏览、服务应用开发等功能的模型操作。利用三维数字模型对项目全寿命周期管理，实现整个工程项目各个阶段有效节省资源、节约成本、降低污染和提高效率。同时打通档案管理系统、合同管理系统、知识管理系统等各个业务系统，实现在项目过程中的各类数据实时融合共享，达到生产与管理结合，BIM与先进信息化技术相结合。

BIM技术集成建设工程项目各种相关信息的多维数据模型，是对工程项目物理特征和功能性特征信息的数字化承载和可视化表达。实现项目的可视化、协同性、优化性、可模拟性等功能，实现城市轨道交通工程全生命周期各个参与方在同一多维建筑信息模型基础上的数据共享。BIM模型作为全生命周期的数据载体，数据在各个阶段各个环节不断地更新和叠加，实现全生命周期的数据互联互通。

构建各类检测监测技术与体系，实现城市轨道交通基础设施的在线监测与感知。针对城市轨道交通重点基础设施，通过在桥梁、隧道、边坡、车站等关键部位/区段加装自动化监测装置，实现关键基础设施的自动化监测。自动化监测内容主要包括：隧道综合监测、桥梁综合监测、高架路监测、边坡监测、轨道面障碍物检测、隧道异物入侵、路面沉降或塌陷、路面保护区内非法入侵、轨道保护区内非法入侵的行人、车辆、船只等、落石和抛物、地铁站气象监测与预警（雨水倒灌）以及沿线天气预测（暴雨、雷电）等。

构建轨道交通工程监测平台，在各项目的全生命周期内实现检测、监测数据及时监控、项目信息统一化管理。系统结合城市轨道交通对基础设施项目管理的需求，强化项目过程监管，丰富信息展示和推送，从而达到提升管理效能、保障项目健康和平稳推进的目标。

整合测绘、地质、结构和地下管线等基础数据，融合三维地理信息技术、物联网技术、无人机及人工智能技术，实现工程基础信息、结构健康信息的输入、查询、发布、分析等功能，实现对地铁线网建设及运营线路基础设施的实时监控、动态预警，提高地铁保护安全性。

8.3.9　智能运维安全体系

随着智能时代的深入发展，企业的人员管理、运营模式、设备设施管理、设备的故障维修诊断等方面更趋智能化。同时，随着工业互联网、5G技术等信息化手段不断深入各行各业，设备智能运维信息化在设备全寿命周期管理中作用越来越大。

智能运维是指以设备设施精准维护维修为导向，依托基于云计算、大数据的城市轨道交通智能运行系统平台，采用在线监测、故障诊断和预测、数据融合、专家分析决策、全寿命周期管理等关键技术，实现关键设备智能诊断和健康管理应用，从而提升企业的运维管理水平，借助科技的力量切实提升设备管理水平、提高产品质量、降本增效。形成"关键、智能、可靠、协同"的智能基础设施体系。

实现智能运维系统首要条件就是对关键系统的关键设施及核心部件的运行数据信息进行监测。结合城市轨道交通系统特点，按照功能表征将关键系统智能运维系统分为行车运输类、信息交互类和车站设施类等。行车运输类主要包括车辆、供电、信号、轨道等关键系统设备，信息交互类主要包括通信、AFC的关键系统设备，车站设施类主要包括站台门、电扶梯等关键系统设备。

通过采用各类传感器设备、监测仪器、图像采集设备、智能机器人等智能在线监测手段，实现系统设备的状态监测、故障报警、设备工作环境的监测。通过采用视频分析、数据统计分析、故障预测诊断及健康管理等智能技术手段，实现系统设备的健康状态分析、故障预警、全寿命周期管理。

通过对维修数据的统计分析，数据模型的计算，形成相应的维修策略，实现设备的状态修，从而提高系统设备本身的可靠性。构建线网一体化可靠性要求体系，打通了不同专业之间可靠性分析的壁垒，实现"线网—线路—系统—子系统"可靠性指标分配，提高线网运营的可靠性。

对专业内部的人、物、料进行统一管理、统一调度，故障发生后进行信息管理、维修策略管理和资源调配，实现线网各系统专业内部运维的纵向协同管理。对线网各系统智能运维进行跨专业管理，加强专业间的协同与合作，实现线网各系统专业之间运维的横向协同管理。

对以上关键系统的关键设施及核心部件的运行数据信息进行监测，采用先进技术进行采集、融合、分析、挖掘，形成基于状态感知的精准维护维修模式和面向线网运营场景需求的智能决策。

为适配乘客出行需要，智慧运维采取以功能定类别的原则，根据运营需求，按照面向运输、交互、配套的功能表征将关键设备设施智能运维系统分为行车运输类、信息交互类和车站设施类等。

8.3.10 智慧网络管理体系

1.建设智慧建造数字化平台

智慧建造数字化平台通过融合数字化深化设计、数字化制造、数字化建造的过程，实现更加融合、更加智慧、更加高效的建设过程管理。以工程数据为主线，构建时间、空间与逻辑相互关联的智慧建造数字化平台，实现信息融合，管理协同（见图8-9）。

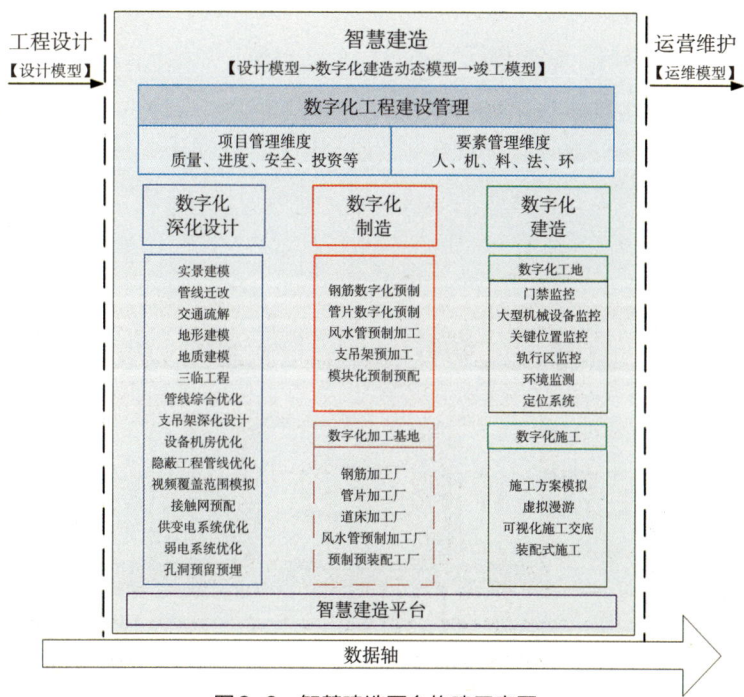

图8-9　智慧建造平台构建示意图

（1）数字化深化设计

数字化深化设计定位为对接施工单位接到设计单位移交的BIM模型后，进行BIM模型的深化设计，包括模型精细度的深化以及基于BIM模型的应用，包括：合规性检查、碰撞分析、图纸会审、变更控制等应用。

（2）数字化制造

数字化制造定位为对接工厂提供的产品信息。工厂范围包括施工单位自建的管片厂、道床厂、混凝土厂、预制管件厂、预制板厂以及临时搭建的预制件工棚和加工设备厂家。工厂提供的信息主要要求为产品的BIM模型以及ERP有关信息。

（3）数字化建造

数字化建造包含施工管理和工地监控两个模块。其中施工管理定位为基于

BIM模型的施工标准化管理、进度管理、风险管理、质量管理、材料成本管理等。工地监控模块主要包含门禁、关键设备、关键位置、轨行区、环境、定位以及视频监控与分析。

（4）数字化平台

数字化平台作为数字化深化设计、数字化制造、数字化建造三大功能应用的承载平台，实现包括项目管理维度（质量、进度、安全、投资等）和要素管理维度（人、机、料、法、环）的全部数字化管理功能。在数据层面上实现工程建设全阶段的数据融合，在应用层面上实现建设过程中BIM+GIS的"一张图"管理，另外搭建融合通信服务体系，全面构建"平台+应用"生态体系。

2.网络化企业管理应用系统

基于云平台管理域的地铁网络化企业管理已建立决策支持、支撑管理、业务管理、渠道接入等各企业管理应用系统，能满足日常运营及管理的需求（见图8-10）。

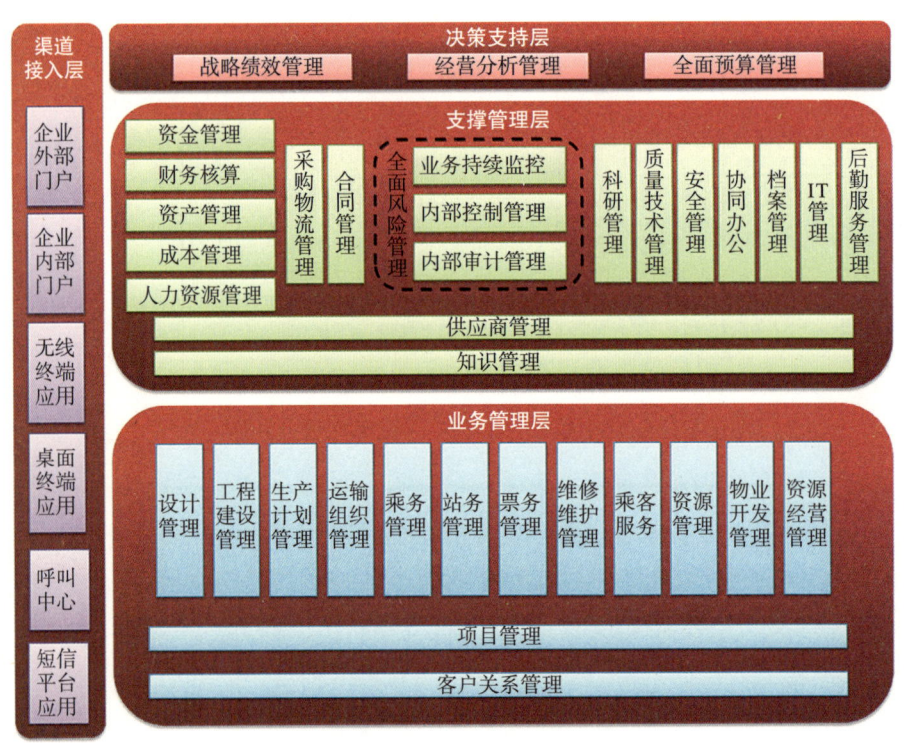

图8-10　网络化企业管理应用系统构成示意图

8.4 新技术、新材料、新工艺

8.4.1 新技术——预制装配

近年来，随着我国推行节能减排、绿色环保的发展理念，越来越多的科研院所与企业开始重视预制装配式结构的研究及应用，我国在装配式节点的技术研究方面也取得很大进步。按照我国现阶段的装配化程度，装配式结构分为两类：部分装配式、完全装配式。而根据连接方式不同，装配式结构也可以分为两种：干式连接、湿式连接。目前，湿式连接整体性能优良，抗震性能和现浇节点相当，但由于连接节点处仍需后浇混凝土，施工效率较低；干式连接节点的刚度及承载力能够达到现浇结构的水平，而且生产效率更高，但延性可能较差。因此，深入研究不同连接节点方式对装配式结构整体性能的影响具有重要意义。

装配式建筑是指结构构件在工厂提前预制，然后运输到施工现场，并运用吊装技术和连接技术将各预制构件在现场装配而成的建筑。预制装配式结构首先萌芽于20世纪初，"二战"导致的欧洲住房短缺和劳动力短缺加速了装配式结构的发展，装配式建筑具有施工速度快、生产效率高、环境影响小等优点。近二十年来，在欧美一些发达国家及日本掀起了一股对装配式预制混凝土结构的研究热潮，各国研究机构相互交流合作，对该体系的抗震、抗弯、抗剪等多种能力做了大量的试验研究和理论分析。

对于有轨电车来说，其线路为线形布置且多在地面敷设，施工期间对市政道路有极大的影响。缓解施工期间的交通压力，降低施工对居民日常生活的影响，实现快速施工、绿色施工是有轨电车建设的迫切需求。因此从轨道与路基结构装配式连接出发，尝试将该方法应用到有轨电车建设中是非常有意义的。

在充分分析有轨电车荷载和运营特点的基础上，针对轨道敷设的精度要求，结合理论分析和模型试验，我们提出了一整套适合有轨电车的轨道路基装配式结构设计及施工方法，进一步将该方法在示范工程中进行应用。

同其他装配式结构一样，有轨电车轨道与路基结构装配的核心在于构件预制和构件连接。根据有轨电车工程的要求，我们将构件分为上部结构和基础结构两部分。

有轨电车装配式桩板结构上部结构可采用预制轨道梁。将原矩形板结构优化为H型梁结构，满足受力情况下减少结构总重量，便于预制吊装（见图8-11）。

图8-11　预制轨道梁模板及成型图

　　然后通过连接节点将上、下部结构可靠连接，满足整体预制结构在有轨电车荷载作用下的受力性能和变形状态，可采用干法连接和湿法连接两种方式。

　　干法连接通过机械和焊接的方式将上部结构和基础结构进行有效的连接，该装置由焊接板、螺锁式机械连接件组成，具有高度和水平调节功能；湿法连接采用现浇的方式将上部结构和基础结构进行有效的连接，在预制轨道梁（板）上预留好插筋，在连接时先通过支架将预制轨道梁（板）调节至规定位置，然后通过后浇混凝土的方式实现预制轨道梁（板）与预制桩的连接。

　　在相同人力和机械设备的情况下，干连接方式要快于湿连接，这是由于干连接吊装就位后，机械就可以马上吊装下一块，而湿连接还需要再通过支承架来支撑转换才能将机械移出。同时也可以看出随着施工人员经验的提高，施工的效率也更快（见图8-12～图8-15）。

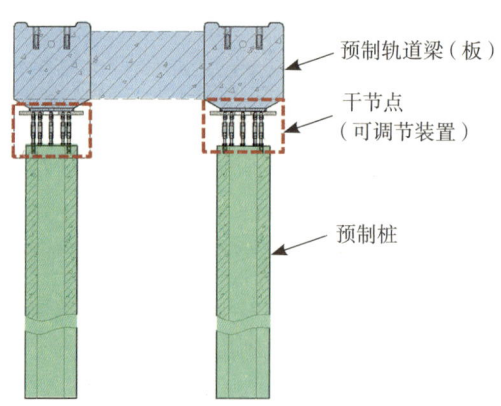

预制轨道梁（板）

干节点
（可调节装置）

预制桩

图8-12　干法连接节点示意图

图8-13　节点试验

　　由上海市城市建设设计研究总院（集团）有限公司与上海城建市政工程（集团）有限公司联合研发的有轨电车轨道与路基结构全装配式技术已成功应用于嘉兴市现代有轨电车一期工程。该项目主要采用干法连接节点，其螺锁式机械连接件以及连接后的节点可满足抗拉、抗压、抗弯、抗剪等复杂受力状态

图8-14　节点试验

图8-15　施工现场照片

下的力学性能要求。

　　嘉兴有轨电车一期工程于2021年6月29日开通运营（见图8-16）。嘉兴有轨电车是嘉兴市落实长三角一体化国家战略、建设长三角核心区枢纽型中心城市的重大交通设施项目，是推进嘉兴市高质量发展、增进民生福祉的重点工程，也是为迎接建党百年、实施嘉兴"百年百项"工程的重大项目，能够有效提升城市公共交通服务品质和基础设施水平，促进实现区域联动发展、高质量发展。

8.4.2　新技术——智慧有轨

　　移动互联网、大数据、云计算、物联网、人工智能等新一代技术的突破和

图8-16　嘉兴有轨电车照片

融合发展，对全球经济环境和人民日常生活产生了前所未有的重大影响，已成为新一轮科技革命和产业变革的核心所在。万物互联、数据驱动、智能决策的数字化时代悄然来临。促进服务制造业升级、推动智能交通发展、助力智慧城市建设，已经渗透到各行各业。

在轨道交通基础设施供应能力相对固定的前提下，通过采用新一代数字化技术大幅提升运输组织效率效益、优化服务品质、提高运输安全水平已成为轨道交通发展的必由之路，智能化已经成为未来发展的重要方向。

现代有轨电车运营控制系统一般由综合通信、运营调度、售检票等系统组成，提供包括有线/无线数据传输、安防监视、乘客服务及信息显示、正线道岔控制、平交路口信号控制、车载、车辆段/停车场道岔控制、票务管理、电力监控、培训等功能及业务。在数字化、智能化驱动下，系统技术不断演进迭代。

1. 系统集成

近年来随着弱电系统高度集成、大数据等技术的发展，建设集成、统一的综合运营调度管理平台，进行运营、维护、乘客服务管理的综合集成模式，成为现阶段有轨电车弱电系统建设的主流方式。

该方式为构建综合运营调度管理平台，以行车指挥为核心，实现列车运行监控、电力监控、环控、乘客信息、广播、视频监控、自动售检票等弱电系统的集成，将行车调度、电调、信息调、维调等多系统调度有机结合在一起，从而更好地为行车服务。这种模式有利于提高建设运营维护的效率，大大减少运维人员投入，有效推进各大弱电系统间的综合承载、联动关系，为线路间的互联互通、新线扩容、网络化运营提供了技术基础。平台对所有弱电子系统各项信息进行搜集、处理等，解决各种异构系统及控制设备的互联互通、信息交换，凭借大数据收集、清洗、挖掘等有关技术，提供给控制中心的管理人员一个可视化的管理平台，也真正实现基于同一个物联网平台，更充分的信息共享，更快捷的联动功能。

2.智能驾驶

智能驾驶是指充分利用物联网、人工智能等技术，通过多源传感信息融合等方式加强有轨电车对于行车空间及车上空间的信息感知能力，提供多目标自动决策、协同运行控制等电车自主控制能力，提升电车智能化控制水平，以期智能辅助司机驾驶，降低司机工作强度，最终实现有轨电车运行的自动化。

近年来，世界各地有轨电车发生多起与社会车辆碰撞、追尾、超速脱轨等事故，因此有轨电车的智能驾驶越来越得到重视和关注，针对上述问题，目前主要采用辅助驾驶系统提高运营安全（见图8-17），主要具备以下功能：

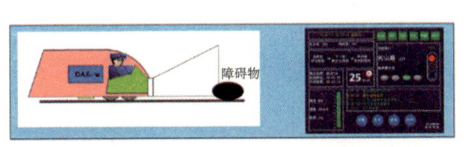

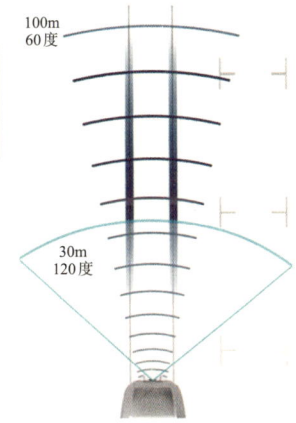

- 实现60度100m视场以内的障碍物探测；
- 实现120度30m视场以内的障碍物探测；
- 可以有效区分障碍物类型、距离、速度；
- 可综合评价碰撞风险，并及时给出报警，响应时间不大于1s。

图8-17　辅助驾驶系统示意图

（1）实时监督列车速度和外设状态信息，在视距受限、弯道、坡道等处，进行列车超度监督和闯红灯防护，危险发生时采用安全制动等手段，辅助司机实现列车的安全驾驶。

上海张江有轨电车、都江堰有轨电车项目、成都有轨电车蓉2号线首次配置了司机辅助防护和障碍物探测、提醒系统。其中，辅助防护系统为，在常规运营控制系统具备的超速及闯红灯提醒的基础上，增加常用交路折返站的闯红灯防护、隧道及视距不良等区域的超速防护等，提高司机行车安全性。

（2）借鉴汽车自动驾驶系统的检测技术，实时监督列车运行前方障碍物信息，进行列车冲突预警，危险发生时采用安全制动等手段，辅助司机实现列车的安全驾驶。

嘉兴有轨电车首次配置了基于激光雷达、毫米波雷达及视频识别相结合的多传感器信息融合技术的障碍物探测、提醒系统，对司机前方视野范围进行持续的检测，及时识别侵入轨行区的行人、车辆、遗留异物等，并对目标进行实时测距，及时给出提示报警，避免由于异物侵限等造成的行车事故。

苏州有轨电车也正在进行相关系统工程应用试验，预计在2023年批量装车。

另外，国内外也在积极开展有轨电车自动驾驶的相关测试与研究。在中国城市轨道交通协会现代有轨电车分会、江苏省交通厅、淮安市交通运输局、淮安市现代有轨电车经营有限公司等单位的大力支持下，协会正式立项课题《现代有轨电车自动驾驶技术研究》。课题相关研究单位当前正依托淮安有轨电车1号线进行相关研究，旨在为有轨电车自动驾驶系统开发提供理论与技术支持，通过研究和开发相关专业的技术、产品，实现有轨电车自动驾驶分阶段目标，提升有轨电车机电装备的技术水平，大幅度提高有轨电车自动化运行水平并填补国内有轨电车自动驾驶领域的技术空白，推动现代有轨电车运营效率和安全迈上一个新的台阶。

3. 综合通信系统

目前有轨电车工程数据承载网系统是采用工业以太网组网方式，将正线变电所、车辆/停车场、控制中心之间构建工业级的冗余环形网络，车站、路口、道岔控制区等接入设备以环引、星型或混合组网方式接入就近变电所汇聚交换机。数据承载网系统由核心层、汇聚层、接入层组成。整个光纤通信环网采用万兆工业级以太网设备，变电所配置三层路由万兆汇聚交换机，接入设备配置工业级千兆接入交换机。

有轨电车无线通信系统一般租用运营商专用VPN数据通道或自建无线通信系统方式实现有轨电车车地无线数据传输。车地无线信息传输可以包括语音调度、电车数据信息、视频数据、乘客信息、广播数据信息等数据内容。

随着5G技术的不断发展成熟和普及，利用5G的大带宽、低时延、切片等独有的技术特性，结合有轨电车车地无线通信需求，5G技术正逐步成为有轨电车车地无线通信系统的主流方案。5G技术在嘉兴有轨电车一期工程项目得到了首次应用，效果良好。

视频监控系统是控制中心调度人员对车站人流密集的公共场所进行全方位监控，及时发现并处置突发事件的重要工具，同时还负责对调度中心、车辆基地等进行全方位监控，为后勤保障提供安全防范技术支持。随着视频监控系统技术的发展，同时具备为运营调度管理系统提供车辆位置信息、客流信息统计、人脸识别、周界防范等智能化功能。

4. 售检票系统

有轨电车售检票系统有多种票制模式，包括单一票价制、计程票价制、分区段分时计价等模式，目前国内有轨电车多采用单一票价制，并预留多级票价的条件，可随着城市规划线路的增加和线网规模扩大，逐步过渡到按乘车距离和时间收费的计程票价制。

售检票方式以车上售检票模式、车站售票/车上检票模式及车站售检票模式等。总体上，随着多元电子支付车票等推广应用，增加了售票的灵活性，售检票模式的选择更多应考虑检票对便利性及适应性的影响。另外，站台售票机等设备的小型化也得到越来越多的关注。

5.发展建议

通过智能控制系统集成化、云化，降低有轨电车人工依赖程度。

相比地铁、轻轨，有轨电车智能控制系统总体上可以简化很大。因而，不适合参考传统地铁模式将系统过分细化和独立。应从尽可能集成的角度出发，将各功能系统有效地提炼，留有必要的功能，并横向与其他系统集成。从目标性的角度出发，应使系统界面尽量简化，促进运营管理的简化和高效，促进运营人力成本和维保成本有效降低。

随着云技术的成熟和普及，以及5G技术和产品的成熟与丰富。有轨电车智能控制系统应在高度集成的方向上，向云技术和高速通信相关业务方向进一步延伸、进化，提高服务水平，丰富乘车体验和交互场景，提高获客吸引力，增强运维的智慧化水平。另外，可依托数字化技术，打造全新数字化信号系统解决方案（"云信号"系统）。

8.5 总结与讨论

8.5.1 轨道交通科技创新需求概述

自2020年以来，新冠肺炎疫情席卷全球，各国的经济发展低迷，社会生活受到很大的影响，国内的疫情防控总体向好，经过两年多的不懈努力和精心防控，目前国内已基本进入常态化防控阶段。防控过程经历多次波折，多次出现全城静态管理，多个城市轨道交通运营出现不同阶段的全网停运或部分停运。截至2021年底，国内共有50个城市运营线路283条，运营线路总长度9206.8km；2021年全年累计完成客运量236.9亿人次，占公共交通客运总量的分担比率为43.4%。同时，地铁运输多为封闭环境，乘客密集度高，分散在城市的各个角落，因此，疫情防控需求成为轨道交通运营管理的重点需求，需要长期通过管理和技术手段进行科学防控。

运用大数据等技术进行多维数据分析评估，预测微观、中观、宏观客流，通过调整运营间隔、运营交路、灵活编组、实现匹配客流需求的运力精准投放，适度降低列车运行满载率；同时，制定相应的网络化客流管控策略，通过线网、线路、车站三级管控，降低乘客密度，减少病毒传播，确保乘客安全。

8.5.2 轨道交通科技创新建议

1.城轨智能运行平台与大数据平台实现行业全覆盖、应用业务全覆盖

城轨智能运行平台与大数据平台通过软件与硬件解耦、前后台软件解耦达到系统解耦；利用云计算通过线网/线路融合简化架构，形成线网/车站两级架构；通过人工智能等先进技术、场景化设计理念提升业务应用功能；利用云计算实现资源灵活分配、应用场景动态调整；利用中台技术及大数据技术促进数据融合，为全业务提供数据服务支撑；通过组件化开发、经验复用使得应用业务更新迭代。

2.线网级跨专业融合的全寿命周期智能运维安全保障体系健全完善，实现全行业运营安全和设备运行安全保障

运维体系构建依托多项关键技术的综合应用，建立基于功能特征的设备设施分类，对应构建差异化的可靠性维修策略体系，利用大数据挖掘技术，建立设备设施可靠性趋势预测模型，指导设备设施的维修及更新改造。对人、物、料进行统一管理、统一调度，故障发生后进行信息管理、维修策略管理和资源调配，实现线网各系统专业内部运维的纵向协同管理。对线网各系统智能运维进行跨专业管理，加强专业间的协同与合作，实现线网各系统专业之间运维的横向协同管理。逐步实现由"计划修"向"状态预防修"模式转变，实现各专业运营设备和运行设备的安全保障。

3.研究应用灵活编组和协同编队技术，实现列车协同最优控制，提升运行效率和运营灵活度

针对城市轨道交通线路存在的客流时空分布不均衡现象，应用灵活编组的运营组织方式，在不同区段，通过运营不同编组的列车来适应客流分布的不均衡性，达到减少运用车数量、提高车体利用率、降低能耗、节省运营成本的目标，还能与大小交路运营组织方式结合提升，减少乘客等待时间。灵活编组按是否依靠物理连接可分为机械编组和虚拟编组，虚拟编组技术使用无线通信代替机械联挂，突破了机械编组对场地、设备设施条件、作业时间的要求。

虚拟编组是多个列车单元间基于车一车无线通信交互位置、速度、加速度等信息，实现相同或不同型号列车在运营过程中虚拟联挂，并完成在线、实时、快速编组或结组。虚拟灵活编组涉及多列车协同，属于群体控制问题，虚拟编组的列车编队模型可由一列车统一控制与指挥，也可由组成编队的列车自主控制协同运行。

列车编组不受线路条件限制，可借助列车出站过程完成编组。调度指挥设备向编组计划内的列车下达编组作业命令，头车以一定速度运行，后车不断

缩小与头车运行间隔，达到编组作业范围时头车与后车建立车—车通信连接，此时头车成为领航者，后车成为跟随车。虚拟列车解编作业形式比较灵活，可通过车站不同站台、同一站台不同时发车实现，解编过程通过地面调度指挥设备向编队列车发送解编计划，头车与跟随车根据解编计划控制编组列车追踪间隔，达到一定间隔或进入指定站台后断开通信连接，完成解编作业。

4. 5G+新技术在智慧城轨中取得实质性的推广应用

近期，地铁智慧化建设步入快速发展阶段，5G+通信网络服务于地铁的相关研究受到广泛关注。作为新一代通信与网络建设关键的5G技术更肩负着带动传统行业升级转化的重任，5G+垂直行业的模式是取得行业突破的有力抓手。因此，由广州地铁集团有限公司牵头向国家科学技术部申报了国家重点研发计划《面向典型行业的新一代通信与网络应用示范》课题。课题重点研究多种网络接入及冗余覆盖组网技术，5G uRLLC满足典型行业对低时延需求的无线空口技术，地铁特定场景的5G网络覆盖、小区频繁切换改善、应对多类型业务综合承载切片策略、MEC相关技术、地铁多业务应用技术、5G系统能耗智能化调整节能技术，并计划提交典型行业专用无线频率分配建议以及新一代通信网络行业典型应用标准草案。

5. 研究与客流相适应的智慧安检

智慧安检将区域化安检设备向网络化集成模式转变，从传统人工安检功能单一、设备离线、人力分散、人工判图、人物分检等业务瓶颈，向空间节约化、功能网络化、判图智能化、乘客识别精准化、安检无感化的出行模式发展。系统数据层面融合票检、安检信息，探索票检、安检合一的新模式，实现"人""票""物"以及异常行为四合一核验，提升乘客通行速率，提高安全检查效率，提升安全和服务品质。

9　质量安全篇

9.1《城市轨道交通工程基坑、隧道施工坍塌防范导则》解读

9.1.1　编制背景

近年来，我国城市轨道交通工程保持快速发展态势，建设、运营里程均居世界首位，为满足人民群众美好生活需要，促进城市可持续发展发挥了重要作用。

城市轨道交通工程施工周边环境和地质条件复杂多变，工法工艺难度大，施工过程风险高。一些城市尤其是新开工城市，建设管理经验不足，风险防控意识不强、手段欠缺，导致基坑、隧道施工过程中发生坍塌事故。不仅破坏工程自身结构，而且波及周边道路、管线和环境，造成严重的生命财产损失和不良社会影响，近年来发生坍塌事故如图9-1所示。

据不完全统计，2010年以来发生的近200起轨道交通工程事故中，坍塌类型事故占首位，是造成群死群伤的主要原因，2010年—2021年轨道交通事故类型与事故伤亡统计见图9-2。

为落实《全国安全生产专项整治三年行动》要求，规范城市轨道交通工程基坑、隧道坍塌防范工作，提升坍塌事故防范水平，坚决遏制重特大事故发生，住房和城乡建设部工程质量安全监管司组织开展了基坑、隧道防坍塌措施专项课题研究。

课题由北京城建设计发展集团股份有限公司牵头，会同21家参研单位共同研究，住房和城乡建设部科技委城市轨道交通工程建设专业委员会提供全过程技术支持。课题组在全国范围内开展了广泛深入的调研，并赴南昌、广州、天津、佛山、深圳等重点省市开展实地调研，全面了解各地基坑、隧道坍塌防

2018年某地铁工程"2.7"透水坍塌重大事故（造成11人死亡）　2019年某地铁工程"5.27"坍塌较大事故（造成5人死亡）　2019年某地铁工程"8.28"施工渗漏水，导致路面坍塌伴有天然气管道泄漏

2019年某地铁工程"12.1"路面坍塌事故（3人死亡）　2019年某地铁工程"12.21"临近路面坍塌事故　2021年某地铁工程"10.12"地连墙凿除施工坍塌（4人死亡）

图9-1　近年来坍塌事故图

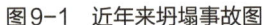
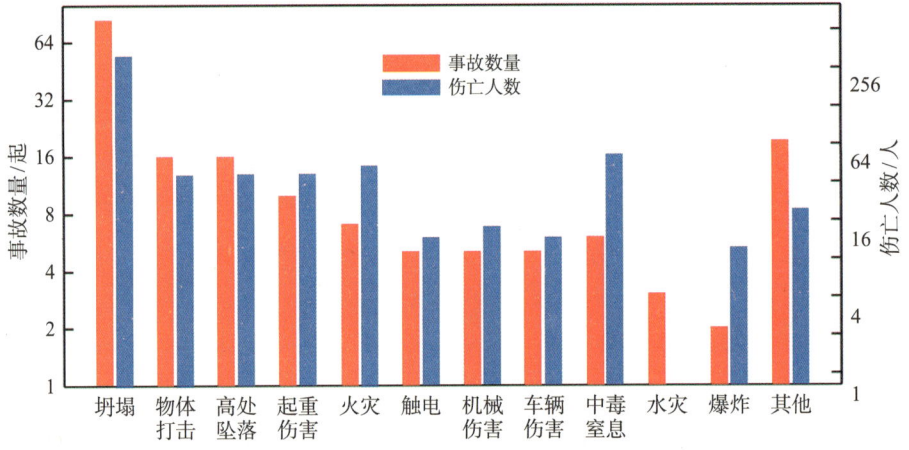

图9-2　2010—2021年轨道交通事故类型与事故伤亡柱状图

范工作开展现状、存在问题及对策措施。质量安全司在课题研究成果的基础上，系统总结梳理各地行之有效的好做法，归纳提升形成可复制、可推广的对策措施，编制印发《城市轨道交通工程基坑、隧道施工坍塌防范导则》（以下简称《导则》）。

9.1.2　编制意义

推广应用《导则》将督促主管部门和参建各方强化坍塌防范意识，落实坍塌防范责任，细化全过程防范措施，提升应急处置能力，有效遏制事故发生，保障施工过程安全、顺畅、平稳。

一是要建立防坍塌管理体系，落实相关制度规范要求。建设单位应牵头构建，勘察、设计、施工、监理、监测、检测等参建单位共同参与、各负其责的基坑、隧道防坍塌管理体系；督促各方严格执行《危险性较大的分部分项工程安全管理规定》，落实关键节点施工前安全条件核查等相关制度。同时，要求各地加强培训教育，将基坑、隧道防坍塌技术管理要求纳入培训内容，提升防范坍塌意识和技术管理水平。

二是要严格关键技术措施，增强防范能力。在施工过程中，应严格执行地下水控制措施，落实控制效果，确保地下水控制处于安全状态；充分考虑各种非施工因素停工带来的不利影响，提前采取设计、施工应对措施；提高危险性较大的分部分项工程和关键工序的机械化施工水平，促进"机械化换人、自动化减人"。

三是要补充防范暴雨措施，确保汛期施工安全。暴雨易导致基坑、隧道积水，若疏浚不及时，易诱发坍塌风险。施工现场应确保场地排水系统能力满足规范要求，积极应对暴雨汛情严峻形势，及时补充完善基坑、隧道施工防范暴雨措施。要根据当地防汛预警等级要求，及时启动防汛应急预案。同时，避免在汛期进行新建线与既有线相接部位的开洞连通施工；若必须在汛期施工，应制定汛期施工保障措施。

9.1.3 核心内容

《导则》分为总则与术语、基本规定、管理行为、基坑工程施工坍塌防范、矿山法隧道施工坍塌防范、盾构法隧道施工坍塌防范、应急响应，共七章内容，将基坑、隧道施工坍塌防范贯穿城市轨道交通工程建设全过程及各参建单位。

1.规范参建各方管理行为

为促进基坑、隧道防范坍塌体系良好运行，落实各方主体责任，《导则》对质量安全监管部门、建设单位、勘察设计单位、施工监理单位、咨询、监测、检测单位等各方管理行为进行了规范。

质量安全监管部门：质量安全监管部门应加强对基坑、隧道施工的监督管理，建立健全防坍塌工作机制，促进参建各方加强坍塌隐患排查治理，对发现的突出问题依法依规进行处理，对重大坍塌隐患挂牌督办；督促建设单位建立不良地质信息、应急及灾害事件信息库，可引入第三方作为监管辅助手段；同时创新监督方式，开发应用城市轨道交通工程质量安全监督管理平台①，建立基坑、隧道防坍塌管理信息系统，实现互联互通。

建设单位：建设单位应督促落实防坍塌措施，加强各阶段组织衔接与工作协调，加强对参建各方的履约管理；组织开展典型事故案例和工程风险技术分析；在及时提供真实、准确、完整的工程相关资料的基础上，强化地质风险防控，提升信息化管理水平，逐步实现关键部位监测自动化，督促监测数据实时上传，关键工序管理数据实时记录，可委托第三方咨询机构进行风险评估。

勘察单位：勘察单位应完善不良地质地区勘察细则，建立地下水动态勘察机制；按照《城市轨道交通工程地质风险控制技术指南》要求做好不良地质探查评估及相应专项勘察，随工程进展和工程位置变更，结合现场条件，及时完成补勘工作；对无法实施的钻孔应采用物探等手段探测地层岩性、地质构造等地质条件；勘察报告中应揭示不良地质条件，对因故未能探明的地层区段或位置，应向设计、施工单位交底并说明对工程施工可能造成的影响。

设计单位：设计单位应按照法律法规和工程建设强制性标准进行设计，开展风险辨识、分析、跟踪和设计服务；应根据工程自身、不良地质、周边环境和自然灾害等坍塌风险，深化工程风险设计；加强基坑围护结构、隧道支护结构方案审查；设计应充分考虑工程地质和水文地质特性，保证足够的结构强度安全系数和稳定性安全系数；设计宜量化地面沉陷影响范围，结合实际情况制定合理的监测项目、频率和预警控制值；对于不良地质段及关键部位，应将深层沉降监测列为必测项目。

施工单位：施工单位负责施工阶段的坍塌风险辨识、分析评价和动态管控，排查治理坍塌隐患，建立应急制度，完善应急措施，施工方案的编制论证应将防坍塌作为重点内容之一；应配备相关专业人员，对施工过程中的地质风险进行日常巡查，评估现场风险状况，及时采取处置措施；深入辨识工程自身、不良地质、周边环境和自然灾害等可能造成的坍塌风险，明确风险等级和管控措施，形成风险分析报告并进行专家评审；应当对工程周边环境进

① 2020年12月3日，住房和城乡建设部发布《城市轨道交通工程质量安全监管信息平台共享交换数据标准（试行）》，要求各级主管部门督促建设单位积极组织参建各方认真落实，加强数据录入，并及时归集、实时动态交换。2021年5月15日，正式启用全国工程质量安全监管信息平台，全面推行"互联网＋监管"模式，并要求2021年9月底前完成各地工程质量安全监管信息化全覆盖。

城市轨道交通工程质量安全监管信息系统具有8个业务功能模块，可通过住房和城乡建设部新版门户网站主页"全国工程质量安全监管信息平台公共服务门户"链接进行访问与使用。

行核查，做好工程自身监测和地表水、地下水位监测工作，加强工程邻近海域、河流、湖泊、渡槽等巡视排查，对于不良地质段及有可能发生地质变化的区段，必须组织开展超前地质探测；施工过程中应随时检查地下管线渗漏水情况，发现地面出现沉降、开裂、渗涌水等情况应及时启动应急预案并协调会商相关部门妥善处理；应采用探地雷达法等先进适用方法对施工影响范围内的地下空洞及疏松体、管线渗漏等进行探测，由专业工程师对探测结果进行分析、验证、评估。

监理单位：监理单位应突出坍塌隐患排查监理。监理实施细则应包括基坑、隧道防坍塌有关内容，严格按监理规划及实施细则进行监理。监理过程中发现施工单位未按专项施工方案施工的，应当要求其进行整改；情节严重，可能存在坍塌风险的，应当要求其暂停施工并及时报告建设单位。

第三方咨询、监测、检测单位：第三方咨询机构出具的风险评估报告应真实准确，并根据工程进展及时修正或再评估；开展安全风险管理和现场巡查工作，按规定及时发布预警。第三方监测单位应按相关规范和监测方案开展监测工作，并对监测成果负责，分析监测数据发现异常情况及时向建设单位报告，按规定发布预警；推进信息化管控，关键部位监测项目研究推动自动化监测，实时上传监测数据。检测单位按照委托合同，采用适宜的检测设备，及时开展地层疏松、空洞等检测，发现问题及时上报。

2.基坑工程坍塌防范措施

在一般规定中对异常情况处置、围护结构施工质量检测、连续墙渗漏检测及治理提出了明确要求。

在施工准备阶段，基坑设计前必须调查地质水文、周边环境及地下管线等情况，围护结构设计选型与地质情况相适应，并确保止水措施到位，设计成果应包括坍塌风险分析以及围护（支撑）内力和变形计算；基坑施工必须有可靠的地下水控制方案，专项方案应组织专家论证，围护结构施工前做好地上及地下建（构）筑物、管线等周边环境调查和变形监测点布设。

在施工阶段，基坑开挖前应组织开展关键节点施工前安全条件核查，重点核查可能出现渗漏的围护体系施工质量。土方开挖时严格遵循自上而下分层分段进行，先撑后挖，严禁超挖，软弱地层支撑应采用钢筋混凝土支撑等加强措施。基坑内土坡坡度、支护方法和分段开挖长度应符合施工方案规定，基坑（槽）开挖后应及时进行地下结构和安装工程施工，严禁长距离、长时间暴露。钢支撑架设必须设置防坠落装置，分级施加预应力，严格换撑，拆撑验收。应防止地表水流入基坑（槽）内造成边坡塌方或土体破坏，随时检查坑（槽）壁稳定情况。采用爆破施工时，应编制专项方案，防止爆破震动影响边坡及周边建（构）筑物稳定。基坑工程应按照设计文件规定进行支撑轴力、围护结构变形、地下水位、地面沉降等监控量测，监控量测数据超过预警值应科学分析并及时处置。

3.矿山法隧道坍塌防范措施

在一般规定中对爆破法施工、设计文件和方案主要技术措施参数调整审核、超前地质探测工作、管线核查及保护、矿山法隧道掌子面与地面的通信联络机制以及空洞探测处理提出了明确要求。

在施工准备阶段，设计单位进行隧道坍塌风险辨识、分析，并制定与地质条件相符且足够的风险控制措施，加强隧道工程整体方案把控，采取适当的隧道超前支护方法，合理确定分部开挖各导洞的断面尺寸和施工步序，必要时对特殊情况制定应急设计方案；冷冻法施工的通道，工程勘察应提供土层的热物理特性指标，应由有资质的单位进行专项设计。施工方案中应包括掘进支护施工方案，二衬结构施工方案（拆换撑）、地下水控制施工方案等重要内容，关键节点施工前，按安全条件核查的管理规定组织条件核查。

在施工阶段，施工单位应按设计和施工方案要求进行降（止）水施工，严格控制超前注浆量，严禁超挖，严禁仰挖，严禁以土柱代替格栅支护；隧道（非爆破）掌子面应安装视频监控设备，全面记录施工全过程，格栅钢架、型钢及连接节点应逐榀进行隐蔽工程验收，并留存照片等影像资料，隧道贯通、初期支护封闭成环后，尽快施作二次衬砌。施工过程中，应确保主要人员、机械设备、物资到位，保持掌子面连续作业，严格按照设计图纸和方案开展监测工作，加强上部道路管理，对初期支护与围岩之间空隙进行检测，隧道内应配置应急抢险物资。采用冻结法施工的通道，土方开挖前（积极冻结期结束）及停止冻结前应进行条件验收。

4.盾构法隧道坍塌防范措施

在一般规定中对专业人员、盾构选型程序、盾构机驾驶室与地面通信联络机制及洞内（壁后）、盾构施工影响区域上部空洞进行探测提出要求。

在施工准备阶段，盾构机进场前应通过适应性评估，对地下空洞及易造成地面坍塌风险的不良地质进行地面预处理，针对工程地质、水文地质和周边环境情况，制定盾构始发、接收方案并经专家论证，合理选择联络通道辅助工法，制定地层加固方案，加强对地层加固效果的检测。

在施工阶段，施工单位应确定合理掘进参数，精确控制盾构掘进姿态，妥善处理轴线偏差，确保盾构匀速连续掘进，按照设计文件规定实施监控量测，穿越高风险区段前确保盾构机运行状态良好。应准确控制渣土改良配合比，确保出土量计算准确，异常情况应及时组织召开专家分析会，并迅速采取有效措施进行处理。盾构开仓方案应综合考虑周围环境、地面条件、工程地质与水文地质条件、盾构设备状态和掘进参数特征等。

5.加强突发事件应急响应

要求各单位根据险情类型、部位、级别、影响范围等情况，定期进行基坑、隧道防坍塌事故应急培训、应急演练，在事故发生后应及时启动应急预案，确保施工安全，避免事态扩大，避免次生灾害和衍生灾害发生。

9.1.4 工作建议

各城市轨道交通工程质量安全监管部门，建设、施工等参建各方要深刻认识《导则》的出台对于进一步提升轨道交通工程建设坍塌事故防范水平具有重要的意义，结合实际，推进《导则》各项措施落实到位。

一是加强督促指导。指导工程建设相关各方根据工程周边环境、地质水文条件、施工工法等特点，采取相应的基坑、隧道坍塌防范措施，并加强责任落实管理。

二是加强宣传培训。开展多种形式宣传教育，将基坑、隧道施工坍塌防范纳入培训内容，增强基坑、隧道施工坍塌防范风险控制意识，提高风险管控能力。

9.2 《2021—2022城市轨道交通工程生产安全事故典型案例分析》解读

9.2.1 2021—2022年城市轨道交通工程生产安全事故统计分析

1.2021年事故总体情况

（1）事故统计对比分析

2021年，全国各省市城市轨道交通工程建设系统深入贯彻落实党中央、国务院关于安全生产的重大决策部署和住房和城乡建设部关于加强建设系统质量安全监管工作的有关要求，提高政治站位，树牢底线思维，统筹安全发展，压紧压实安全生产责任和措施，强化工程质量安全监管，有效防范重大安全风险，稳步推进全国城市轨道交通工程建设，2021年新增运营线路39条，新增运营线路长度1222.92km；工程质量创优硕果累累，生产安全形势总体可控。

2021年全国有11个城市的轨道交通工程建设项目发生生产安全事故22起，死亡29人，其中一般事故20起，死亡21人，较大事故2起，死亡8人。还有个别城市发生了多起事故，造成不良影响。

（2）事故类型对比分析

全国城市轨道交通工程生产安全事故中，按事故类别进行分类统计：物体打击8起11人，高处坠落4起7人，起重机械伤害3起3人，坍塌2起2人，施工机具伤害1起1人，其他4起5人（见图9-3）。

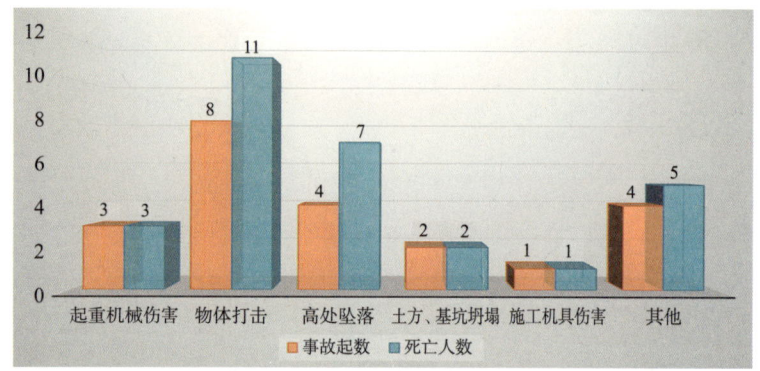

图9-3　2021年城市轨道交通工程安全生产事故类型统计图

（3）各类事故发生类型及死亡人数对比分析

各类事故数量及比例：物体打击8起，各占比36%；起重伤害3起，占比14%；坍塌2起，占比9%；施工机具伤害1起，占比5%；高处坠落和其他各4起，各占比18%（见图9-4）。

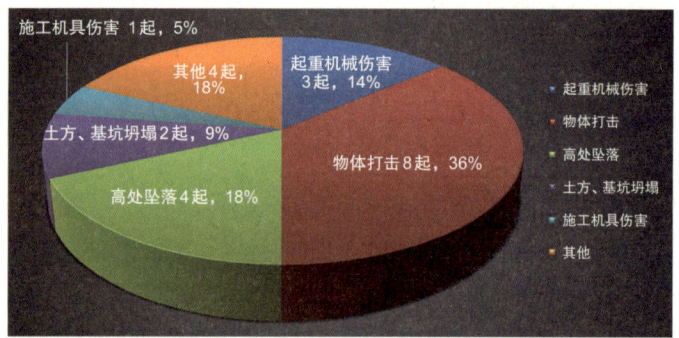

图9-4　2021年城市轨道交通工程各类生产安全事故起数及比例统计图

各类事故造成的死亡人数及比例：物体打击11人，占比38%；高处坠落7人，占比24%；起重伤害3人，占比10%；坍塌2人，占比7%；施工机具伤害1人，占比4%；其他5人，占比17%（见图9-5）。

2. 2022年1—8月事故总体情况

（1）事故统计对比分析

2022年1—8月，全国有10个城市的轨道交通工程建设项目发生生产安全事故10起，死亡12人，其中一般事故9起，死亡9人，较大事故1起，死亡3人。

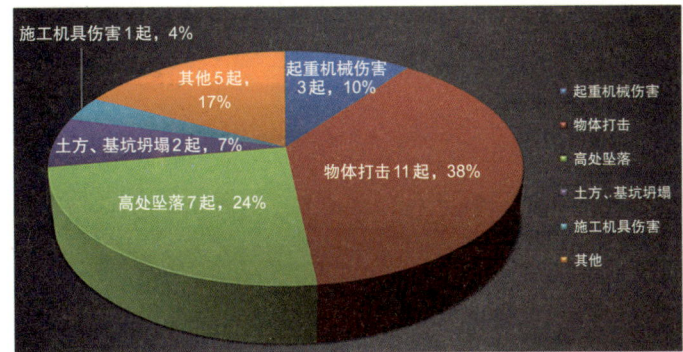

图9-5　2021年城市轨道交通工程各类生产安全事故死亡人数比例图

（2）事故类型对比分析

全国城市轨道交通工程生产伤害安全事故中，按事故类别进行分类统计：施工机具伤害3起3人，物体打击2起2人，高处坠落1起1人，触电1起3人，起重机械伤害、坍塌、其他各1起1人（见图9-6）。

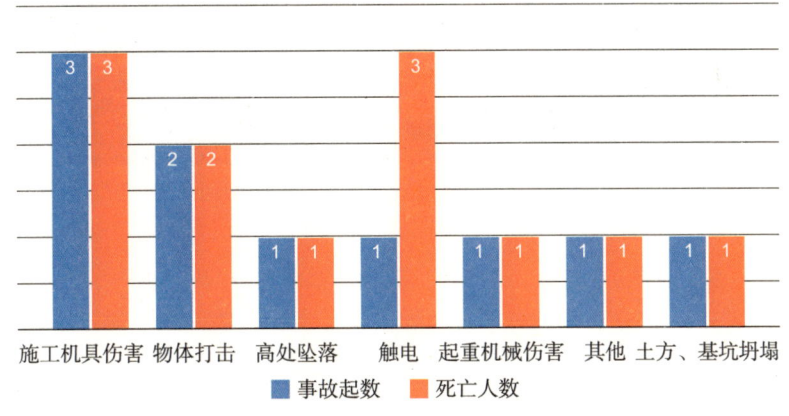

图9-6　2022年1—8月城市轨道交通工程安全生产事故类型统计图

（3）各类事故发生类型及死亡人数对比分析

各类事故数量及比例：施工机具伤害3起，占比30%；物体打击2起，占比20%；高处坠落、触电、起重机械伤害、坍塌、其他各1起，各10%（见图9-7）。

各类事故造成的死亡人数及比例：施工机具伤害3人，占比25%；触电事故3人，占比25%；物体打击2人，占比17%；坍塌、高处坠落、起重机械伤害、坍塌、其他各1人，各8%（见图9-8）。

3.安全生产形势

从统计数据来看，2022年1—8月份全国城市轨道交通工程生产安全形势基本趋稳，发生事故起数和死亡人数较去年同期均有所下降，但绝不能掉以轻心。现阶段，尤其是今年后几个月，在新冠肺炎疫情及经济形势波动的双重影

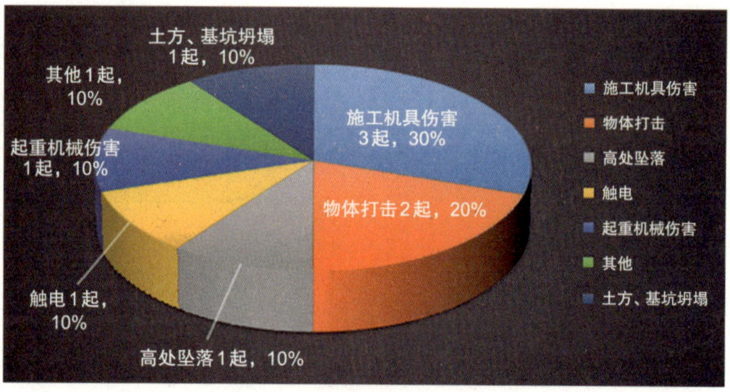

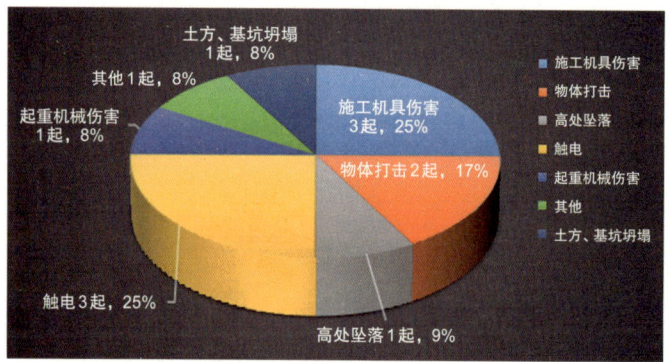

图9-7　2022年1—8月城市轨道交通工程各类生产安全事故起数及比例统计图

图9-8　2022年1—8月城市轨道交通工程各类生产安全事故死亡人数比例图

响下，工程建设有效工期进一步被压缩，今年大部分建设任务都积压在四季度去完成，势必加大城市轨道交通工程施工现场安全管控工作的难度。各省市建设主管部门和参建施工单位一定要高度重视，集中精力，细化措施，加强监督，严格执法，做到"疫情要防住、经济要稳住、发展要安全"。

9.2.2　城市轨道交通工程典型事故案例分析

1.某地铁车站"9.10"坍塌事故

2021年9月10日14时01分，某地铁车站防尘降噪棚工程施工过程中发生坍塌，造成4人死亡、14人受伤，直接经济损失650余万元（见图9-9）。

（1）事故原因

事件原因：事故调查组、专家组依据第三方机构材料检测检验结果、网架结构设计复核及施工过程仿真验算结果，结合质询工程建设相关单位知情人情况以及事故调查询问笔录，综合分析得出如下结论：①网架设计模型存在缺陷。②根据对施工图设计复核结果，网架中部分杆件设计承载力不足。③根

图9-9 事故现场

据对网架部分的施工过程仿真验算结果，部分与支座相连的竖腹杆承载力标准值不足。④网架部分的施工与施工图中的"设计总说明（二）"的网架安装要求不一致，施工方实际采用的施工方案未见施工过程模拟计算文件。⑤施工过程中14轴—17轴网架上弦支座未与支承柱有效连接（见图9-10）。

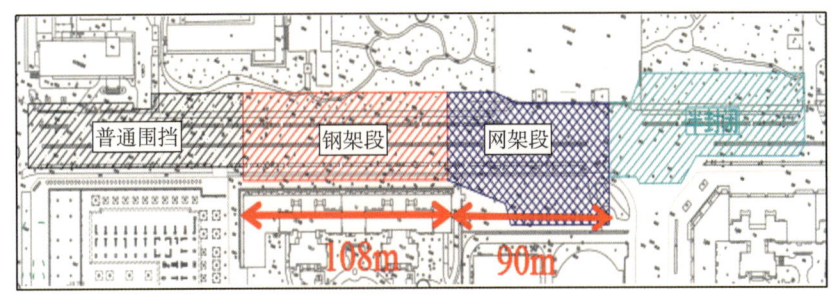

图9-10 项目情况图

事故调查组认定主要原因为：网架中部分杆件设计承载力不足，部分与支座相连的竖腹杆承载力标准值不足，施工过程中网架上弦支座未与支承柱有效连接，使网架结构处于不稳定工作状态，网架顶部堆载和多工序交叉施工作业产生的外力扰动，加速不稳定结构体系失稳坍塌。

事故间接原因：①违法生产经营。违法发包、转包，无资质和超资质承揽工程。②施工现场管理不到位。未严格按设计要求工序组织施工，在结构未形成稳定空间体系前进行墙壁板安装、网架顶部堆载；网架安装顺序不符合设计要求，未从靠近山墙的有柱间支撑的两榀钢架开始散拼安装；施工安全措施不到位，网架安装时未搭设临时支撑，未设置揽风绳临时固定；未进行设计技术交底；多工序交叉作业管理不到位，未明确交叉作业时应当采取的安全措施。③项目审查把关不严。在施工图纸未出、无设计单位技术负责人参加的情况下组织专项施工方案专家论证；施工单位实际采用的施工方案与设计单位要求的网架安装方案不一致时，未进行施工过程模拟计算。④设计存在缺陷。网架设计模型存在缺陷，下部结构未与网架屋盖整体建模计算。

（2）事故性质

事故调查组认定，该起事故是一起生产安全责任事故，事故类型为坍塌事故，事故等级为较大事故。

（3）对事故有关单位及责任人的处理建议

移送司法机关追究刑事责任人员。5名责任人员涉嫌重大责任事故罪，由市应急局按照行政与司法衔接有关规定，移送司法机关立案调查。

给予行政处罚和党纪政纪处分人员。对17名有关企业人员给予了行政处罚和党纪政纪处分，同时还对参与专项施工方案审查的5名专家，由住房和城乡建设部门按有关规定作出处理。

此外，对在事故调查过程中发现的有关部门公职人员履职方面存在的"市住房和城乡建设局对全封闭施工棚建设试点工作重视不够，组织不严密，对该工程大跨度钢结构施工存在的重大安全风险认识不足，未将其纳入危险性较大的分部分项工程进行管理，重进度轻安全，安全监管缺位"等问题，移交市纪检委追责问责审查调查。对6家有关责任单位涉嫌其他违法违规行为，予以罚款、移送住房和城乡建设部门调查处理。

2.某地铁车站10.12较大事故

事故概况：2021年10月12日15时35分左右，某地铁车站南侧附属结构A2出入口及2号风亭工程，在地连墙凿除过程中发生冠梁及部分地连墙失去支撑而失稳下滑侧移，导致冠梁上部的砖砌挡水墙及部分土方掉落在附属结构顶板、通道和新风井内，砸中通道及新风井内正在进行清理作业的工人，事故造成4人死亡、1人轻伤，直接经济损失667.6万元。

事发时工况：10月11日，施工单位对3号临时支撑地连墙上部冠梁及地连墙开始凿除，12日上午完成并割断连接钢筋。2021年10月12日15时35分左右，西端一幅地连墙从锁口管连接部位向下滑落，剩余冠梁及地连墙随即下落，位于冠梁上部的砖砌挡水墙掉落在附属结构顶板、通道和新风井内，砸中通道和新风井内正在进行清理作业的作业人员。

（1）事故原因

西侧27m地连墙及20m冠梁下部的临时支撑墙被全部凿除、钢筋被切断，造成冠梁及部分地连墙失去支撑而失稳下滑侧移，导致冠梁上部的砖砌挡水墙及部分土方掉落在附属结构顶板、通道和新风井内，砸中通道及新风井内正在进行清理作业的工人，是导致本次事故的直接原因。

（2）相关单位及部门存在的问题

涉事项目附属结构土建工程实际施工单位：作为项目的实际管理单位对项目管理混乱。一是未按照《×××工程附属工程冠梁及地连墙凿除方案》施工；二是未对分包单位安全生产工作进行统一协调、管理；三是对入场施工队伍负责人的技术交底和安全教育培训弄虚作假。事故发生后，相关人员未及时并如实上报事故情况，存在谎报事故的行为。

涉事项目总承包单位：一是未依法履行总承包单位对施工现场的管理职责；二是项目经理未对项目进行实际管理，未履行项目安全生产管理职责。

涉事项目监理单位：一是未按照《×××站附属结构基坑工程监理细则》要求，检查总承包单位对入场的施工人员技术交底和安全教育培训情况；二是在发现施工人员未按照《凿除方案》实施作业的行为后未予以制止；三是在明知总承包单位违法分包的情况下，没有制止施工单位的违法行为。

集团公司：一是组织项目总包单位将工程违法分包给实际施工单位；二是督促检查不力，未发现所属施工企业未对分包单位开展技术交底及安全培训教育。

建设主管部门：履行建筑行业和建筑市场管理职责不到位，未及时发现市住房和城乡建设综合行政执法总队执法人员2021年对该事故车站进行春季开复工项目检查和日常执法检查中存在的"工作不认真、不细致""发现违法行为未及时处理"等问题；在开展监督检查过程中未依法查处项目总包单位将该工程违法分包的行为。

事故相关单位存在的其他问题：涉事项目专业分包单位涉嫌违法允许他人以本单位名义承揽工程，项目总包单位涉嫌违法分包，上述问题移交市住房城乡建设委依法查处。

3.对事故有关责任单位及人员的处理情况和建议

刑事责任追究情况：①涉事项目附属结构土建工程实际施工单位三分公司经理兼项目经理，因涉嫌重大责任事故罪，于2021年11月19日被批准逮捕。②涉事项目附属结构土建工程实际施工单位三分公司施工员，因涉嫌重大责任事故罪，于2021年11月19日被批准逮捕。③涉事项目附属结构土建工程实际施工单位三分公司副经理，因涉嫌不报、谎报安全事故罪，于2021年11月19日被取保候审。④涉事项目附属结构土建工程实际施工单位党委书记、董事长，因涉嫌不报、谎报安全事故罪，于2021年11月10日被取保候审。⑤涉事项目附属结构土建工程实际施工单位总经理，因涉嫌不报、谎报安全事故罪，于2021年11月10日被取保候审。⑥涉事项目附属结构土建工程实际施工单位副总经理，因涉嫌不报、谎报安全事故罪，于2021年11月10日被取保候审。⑦施工队负责人，因涉嫌重大责任事故罪，于2021年11月10日被取保候审。

给予党纪政务处分和组织处理人员：事故调查组将调查发现的有关部门及单位的公职人员履职方面的问题线索及相关材料移交纪检监察部门。经纪检监察部门调查核实后，对6个单位的19人提出党纪政务处分等方面的处理建议。

4. 事故教训

（1）项目管理混乱，具体表现为：未依法履行总承包单位对施工现场的管理职责、违法分包，无资质和超资质承揽工程、未按照专项方案施工、技术交底和安全教育培训弄虚作假、对违规作业行为未予以制止。

（2）未及时如实上报事故，具体表现为：事发后相关人员未及时并如实上报事故、存在谎报事故的行为。

（3）未依法履行监管职责，具体表现为：对施工存在的重大安全风险认识不足、履行建筑行业和建筑市场管理职责不到位、未依法查处工程违法分包行为。

9.2.3 防范和改进工作建议

1. 总体要求

（1）要"遵守安全生产法 当好第一责任人"这是今年"安全月"的主题。蕴含着生产安全是保护劳动者的安全、健康和国家财产，促进社会生产力发展的基本条件，其宗旨是对"人民至上、生命至上"安全发展理念的最好诠释。新《安全生产法》对安全生产责任划分更加明确，企业的主体责任更加清晰，明确了政府和企业在生产中定位及关联关系。"管行业必须管安全、管业务必须管安全、管生产经营必须管安全"三个必须是我国安全生产管理体制中分工负责的原则。我们要学习贯彻新《安全生产法》，落实企业安全生产主体责任和政府监管责任，当好第一责任人，必须增强法律意识、责任意识、敬畏生命意识，必须做到"学法、懂法、守法，知责、尽责、履责"。

（2）认真贯彻落实《国务院安委会办公室关于深入推进房屋市政工程安全生产治理行动的通知》《住房和城乡建设部关于开展房屋市政工程安全生产治理行动的通知》和《住房和城乡建设部办公厅关于认真贯彻落实安全生产十五条措施，进一步做好住房和城乡建设领域安全生产工作的通知》，全面深入开展房屋市政工程安全生产治理行动，按照"重大隐患判定标准"对区域内所有工程在建项目进行一次全面排查。要突出重点，狠抓深基坑、高支模、起重机械等危险性较大的分部分项工程安全管理，督促企业严格落实专项施工方案的编制、审核、论证等程序，严格按专项施工方案进行施工。要全面落实工程质量安全手册制度，强化并不断提升现场人防、物防、技防水平，严厉打击建筑市场违法违规行为。

（3）坚决遏制生产安全事故发生。建设主管部门要深刻汲取事故教训，强化现场施工安全监管，督促企业强化落实安全生产主体责任，严格执行安全生产各项管理制度和操作规程，加强现场作业安全管理，切实提高企业安全防范能力，及时整改现场各类不安全因素。要督促企业强化安全培训，完善"三级教育"、从业人员管理和持证上岗等制度，将安全培训切实落到基层、落到一线，并纳入执法检查内容。要持续深入开展工程建设安全隐患排查治理，"逐企业、逐项目、逐设备"精准排查重大隐患，督促整改落实到位。

（4）大力强化执法处罚。对于安全违法行为一定要零容忍、重处罚，按照"四不放过"的原则，对生产安全事故进行严肃认真地分析，找出导致事故发生的真正原因。依法依规全面严肃对责任企业和人员实施处罚处理，凡是发生事故的企业，要立即按规定实施暂扣安全生产许可证等处罚，确保应罚尽罚，以严格执法倒逼企业安全责任的落实。严格落实安全生产15条硬措施要求，狠抓一批违法违规行为和事故的处理，切实起到震慑警示和宣传教育作用。对重大事故隐患挂牌督办，整改一项、销号一项，发现严重违法违规行为要坚决制止，特别是对于责令停工的项目，要跟踪整改到位。对拒绝整改、拖延整改和拒不执行停工令的，要充分运用《安全生产法》《刑法修正案》对危险作业罪的处罚规定，对相关企业和人员进行严管重罚。用好用足安全生产许可证、资质资格等各类处罚处理措施，充分发挥制度合力。对存在违反基本建设程序、非法施工活动等违法行为的，严格追究建设单位的首要责任。

（5）构建多层次安全培训体系，全面提升施工作业人员安全意识。各部门、各单位要严格落实安全生产教育培训及安全技术交底制度，尤其是针对实施危大工程等重大风险源作业人员，要进一步强化安全教育培训和技术交底工作。各工程建设主管部门要进一步推动产业工人队伍建设，研究制定建筑行业产业工人队伍建设工作实施计划，通过组织上门宣传、集中宣讲等方式，重点加强对机械工程师、挖掘机司机、盾构/TBM司机、起重机械司机、信号司索工、电焊工、桩机操作工等关键操作岗位人员安全教育，全面提升施工作业人员安全防范意识。

2.对各参建主体要求

（1）建设单位：一是要依法将工程发包给具有相应资质的单位，要按照基本建设程序，依法办理施工安全监督手续，取得施工许可，不得任意压缩合理工期和造价。二是要进一步压实施工总承包单位安全生产主体责任及监理单位安全监督责任，督促各参建单位合同备案人员严格按要求到岗履职。三是要督促各参建单位严格落实危大工程管控和安全隐患排查治理机制，加大现场安全监督检查力度，对工程项目安全风险管理全面负责。四是要确保安全生产措施费投入足额到位，改善城市轨道交通工程施工现场的作业环境和安全生产条件，提高施工项目生产安全保障度。五是要强化应急救援体系建设，高度重视应急救援专业化队伍、应急预案的制订和联动机制的建立，提高应急抢险和自救能力。

（2）施工单位：一是要严格落实施工企业安全生产主体责任，建立健全并落实全员安全生产责任制，严守安全生产红线，依法依规开展项目建设施工，标准化作业。二是要强化对工程项目管理和资源配置，严格施工单位和人员的资格审核，相关负责人依法到岗履职，严禁"以包代管"，坚决杜绝出借资质、违法分包等行为。三是建立健全危大工程安全管控体系，加强危大工程专项方案编制、审查、论证、审批、验收等环节管理，严格按专项方案施工作业，确保危大工程安全风险受控。四是对事故隐患进行常态化排查治理，要定期组织开展专项安全检查，认真排查和整治安全隐患，确保项目施工全过程安全生产有序可控。五是增强风险应急处置能力，根据工程自身风险和周边环境风险等不良因素，建立健全应急救援体系，制定完善各类应急预案，储备必要的抢险救援设备，定期组织预案演练。

（3）监理单位：一是要严格落实监理单位安全生产监理责任，按合同要求规范配备与工程规模和技术要求相适应的监理人员，提高监理能力水平。二是开展专项施工方案审查和旁站、巡视等工作。对施工监测和第三方监测数据进行比对，发现异常情况及时向建设单位和监管部门报告。三是结合危大工程专项施工方案编制监理实施细则，并对危大工程施工实施专项巡视检查。对于按照规定需要验收的危大工程，监理单位应当组织相关人员进行验收。四是加强对施工现场安全监理检查，对不具备施工安全条件而进行施工的，要求施工单位停工整改，并下发监理通知书，对拒不整改的，要及时向住房和城乡建设管理部门进行报告。五是承担施工阶段安全风险管控和隐患排查治理的监理责任，督促施工单位认真做好风险辨识管控和隐患排查治理工作，定期检查其事故隐患排查治理工作情况，杜绝各类事故发生。

（4）勘察、设计和第三方监测单位：勘察单位对工程项目的安全质量承担勘察责任。应当按照法律、法规和工程建设强制性标准进行勘察，提供的勘察文件应当真实、准确，满足建设工程安全生产的需要。设计单位对工程项目的安全质量承担设计责任。应当按照法律、法规和工程建设强制性标准进行设计，防止因设计不合理导致生产安全事故的发生。设计单位应当考虑施工安全操作和防护的需要，对涉及施工安全的重点部位和环节在设计文件中注明，并对防范生产安全事故提出指导意见。采用新结构、新材料、新工艺和特殊结构的建设工程，设计单位应当在设计中提出保障施工作业人员安全和预防生产安全事故的措施建议。监测单位对工程项目的安全质量承担监测责任。根据勘察设计文件、安全质量风险评估报告、监测合同及有关资料编制第三方监测方案，开展监测和巡视工作，及时、准确向建设、监理、设计单位提供监测报告，为工程动态设计和信息化施工提供可靠的数据依据。

（5）政府监管部门：要加大行政监管力度，进一步加强对本行业领域安全生产工作的监督管理。一是要深刻吸取事故教训，牢固树立科学发展、安全发展理念，发扬严、细、实的工作作风，勇于担当作为。二是要严格落实"安全生产十五条措施"的要求，严格落实安全生产监管职责，督促各责任主体落实安全责任，深入开展在建城市轨道交通工程"打非治违"，严厉打击出借资质、违法分包等行为，建立打击非法违法建筑施工行为专项行动工作长效机制，不断巩固专项行动成果，确保建筑安全生产监督检查工作取得实效。三是要针对事故案例暴露的问题，开展安全警示教育，督促各参建施工单位以案为鉴、举一反三，强化安全意识，压实各环节责任，坚决遏制事故发生。

10 上盖物业开发

10.1 概述

10.1.1 TOD的概念

随着时代进程不断加快，城镇化速度也在加快，于是城市内拥堵、无序蔓延、资源浪费等弊端逐渐暴露出来，让人们必须要重新思考、优化城市建设模式。TOD（transit-oriented development，公共交通为导向的开发）作为城市建设概念的先进范例，通过在公共交通枢纽周边及沿线进行混合功能及高密度开发，实现集交通、商业、产业、文化、生活等多维一体的集中型综合城市功能聚合，从而疏解城市拥堵的状况。

自20世纪90年代起源于美国，基于对城镇的快速扩张发展引起郊区蔓延的深刻反思，美国逐渐兴起了一个新的城市设计运动——新传统主义规划，即后来演变为更为人知的新城市主义。作为新城市主义倡导者之一的彼得·卡尔索尔普所提出的公共交通导向的土地使用开发策略逐渐被学术界认同，并在美国的一些城市得到推广应用。TOD的概念最早由彼得·卡尔索尔普在1992年提出，1993年，彼得·卡尔索尔普在其所著的《下一代美国大都市地区：生态、社区和美国之梦》一书中旗帜鲜明地提出了以TOD替代郊区蔓延的发展模式，并为基于TOD策略的各种城市土地利用制订了一套详尽而具体的准则。TOD模式逐渐在世界各国，诸如东京大都市圈、伦敦斯特拉特福德、中国香港西九龙等地，发挥着优化城市空间、重构城市形态、提升城市能级的作用，也一次次验证了TOD就是更新城市的关键模式这一事实。

TOD即是指"以公共交通为导向的发展模式"。其中的公共交通主要是指火车站、机场、地铁、轻轨等轨道交通及巴士干线，然后以公交站点为中心、以400~800m（5~10min步行路程）为半径建立中心广场或城市中心，其特点在于集工作、商业、文化、教育、居住等为一身的"混合用途"，使居民和雇员在不排斥小汽车的同时能方便地选用公交、自行车、步行等多种出行方式。城市重建地块、填充地块和新开发土地均可以TOD的理念来建造，TOD的主要方式是通过土地使用和交通政策来协调城市发展过程中产生的交通拥堵和用地不足的矛盾。公共交通有固定的线路和保持一定间距（通常公共汽车站距为500m左右，轨道交通站距为1000m左右）。这就为土地利用与开发提供了重要的依据，即在公交线路的沿线。尤其在站点周边土地高强度开发时，应保证公共使用优先。

随着我国城市轨道交通和高铁网络的飞速建设，轨道交通对于城市变革的推动力日益增大，而TOD视角下的轨道站点及其周边开发，对城市功能和开发价值的提升获得广泛认可，迎来空前发展机遇。

10.1.2 深圳"轨道+物业"实践经验

深圳从2004年建成开通第一条地铁，到目前建成运营轨道交通一、二、三期工程总计368km、256个车站，在建线路14条（含延长线）、在建里程达到219.2km、137座车站。2035年全市轨道交通线网规划33条线路总长1335km，未来15年深圳轨道交通仍将处于建设高峰期。据初步测算，未来5年我市轨道交通建设投资规模接近6000亿元，平均每年投资超过1000亿元，资金压力巨大，因此有必要探索多元化的投融资方式，确保我市轨道交通良性循环发展。深圳是一座土地资源紧缺的城市，2006年深圳率先提出发展面临"四个难以为继"，首个就是土地、空间难以为继。土地资源供给不足与轨道交通建设用地刚性需求矛盾日渐加剧，制约了轨道交通发展。

在市委市政府的大力支持下，深铁集团经过近二十年探索实践，通过模式、制度、机制、技术、开发和合作六大创新，形成了具有持续自我造血机制的深圳"轨道+物业"模式。目前，深铁集团共创造并获取27个轨道上盖物业开发项目，规划建筑面积合计约1400万 m^2，在建建筑面积合计约728万 m^2，连续7年销售额超100亿元，连续6年名列深圳市房地产开发企业综合实力排行前三甲，推动地铁上盖住宅用地公共房建设比例超50%，配建学校、幼儿园共计34所。经过20多年的发展，确立了国家铁路、城际铁路、城市轨道交通"三铁合一"的产业布局和轨道建设、轨道运营、站城开发、资源经营"四位一体"的核心价值链。依托"三铁合一"产业布局和站城一体化开发核心竞争力，构建从地下到地上、从交通到生活的面向未来的轨道城市，做轨道城市的缔造者。截至2022年6月底，深铁集团注册资本金459.43亿元，总资产6238.8亿元，净资产3171.56亿元，员工约2.7万人。深铁集团全面践行"先行示范"理念,坚定扛起"交通先行官"的发展使命,以基础设施高质量发展试点为契机,加快建设一流设施、一流技术、一流管理、一流服务、一流效益、可持续的轨道交通基础设施,有力支撑粤港澳大湾区和深圳都市圈建设,以实际行动彰显"厚德载运、深铁为民"的企业精神。同时,更好地统筹发展与安全,更加注重质量和效率,更加突出社会和经济"双价值"创造,更好地服务城市高质量发展和市民高品质出行"双需求",实现"人享其行,物畅其流"。

"轨道+物业"模式的核心是土地资源的创造和获取。为此,深圳市在土地出让制度等方面进行了系列制度创新。一是开创立体空间的分层出让。深圳通过逐步完善机制,理顺了轨道交通设施用地及上盖开发用地分层出让形式和用地出让方式。上盖物业与地铁设施在不同标高分层划分用地权属,实现了在轨道交通便利地段立体复合利用土地资源,利于车辆段上盖土地使用权的获取。二是探索上盖物业作价出资的制度创新。2013年深圳出台了《深圳市国有土地使用权作价出资暂行办法》和《深圳市国有土地使用权作价出资工作委内部实施流程》,在深铁集团等三家企业内先行先试,确保封闭运行,风险可控。将经策划而形成的轨道交通上盖物业使用权以注册资本金方式直接注入深铁集团,作为政府投入轨道交通工程建设的初期资金。作价出资方式获得土地更加简洁便利,也使轨道与上盖建设同步成为可能。深铁集团通过作价出资共获得了前海枢纽等8块土地。三是适应土地配置方式政策调整。2016年12月31日,国土资源部、国家发展改革委、财政部等8部委联合发布《关于扩大国有土地有偿使用范围的意见》,提出能源、环境保护、保障性安居工程、养老、教育、文化等项目用地,可以土地使用权作价出资的方式供应土地。2017年3月7日,国务院办公厅发布了《关于进一步激发社会领域投资活力的意见》,在2016年8部委意见的基础上,将土地使用权作价出资的范围扩大到医疗用地。根据上述政策变化,市规资局明确表示住宅、商业、办公等经营性用地不得再以土地使用权作价出资的方式供应,市政府常务会审议轨道四期融资地块配置及开发方案中也明确提出不再采用作价出资的供地方式,改为采用公开市场招拍挂方式。根据土地配置方式的政策调整,深铁集团在2020年6月以62.56亿元获取长圳车辆段上盖用地,以市场化自筹资金方式支付地价。

在深圳市政府的支持和指导下,不断探索资源拓展方式创新,协调推动车辆段上盖物业实施分层设权、分别供地,实现轨道交通便利地段立体复合利用土地资源;积极探索对轨道周边土地进行统筹规划和组局开发,全面创新站城一体城市更新模式;秉承"深铁为民"的企业精神,推动轨道上盖承载更多民生工程，拓宽公共住房供应渠道；强化TOD综合开发内部协同机制，全面提升站城一体开发水平。"十四五"期间，深圳市轨道交通投资规模巨大，面临很大的资金压力。"轨道＋物业"模式作为多元化投融资模式之一，打造以开发收益弥补轨道建设投入的投资性业务价值闭环，形成了良好的自我造血机制，确保轨道交通事业良性发展。深铁集团打造"两个1000"km：在建及运营服务的轨交线网规模超过2000km，加速深圳与惠州、东莞、汕头等地轨道联通。2035年全市轨道交通线网规划33条线路总长1335km，未来十余年，深圳轨道交通仍将处于建设高峰期。

"轨道＋物业"模式日益与城市深度融合，以枢纽为代表的"站城一体化"项目成为深铁站城一体经营业务的核心产品。集团努力践行"以公共交通为导向"的TOD发展模式，一方面充分利用上盖空间再造土地资源，另一方面以地铁上盖及沿线物业的升值效益反哺轨道交通建设运营，实现城市轨道交通的可持续发展。

向空间要土地，是深圳解决土地资源短缺和空间发展格局受限的重要举措之一。"轨道＋物业"模式对轨道上盖空间高效开发，在轨道交通便利地段立体复合利用土地资源，为城市发展创造了大量土地资源，拓展了城市发展空间，完善了城市功能。主动联合国内科研机构和相关高校，突破轨道交通上盖物业和地下空间技术限制；主导编制上盖物业开发设计指南和标准体系，填补了轨道交通车辆基地上盖建筑结构设计的空白，将上盖建筑高度从50m提高到150m以上，既为城市实现了更大规模的"造地"目标，又成倍提升了项目开发空间和经济效益。深铁集团充分发挥"轨道＋"的资源整合优势，逐步搭建"融资＋市场化"多元融合的开放平台，联合行业标杆企业，组局拓展市场化项目资源，借助"三铁合一"优势，提前研究都市圈轨道交通沿线土地，助力建设粤港澳大湾区轨道都市圈，打造产站城一体化标杆（项目示意见图10-1～图10-4）。

图10-1　2014年前海时代项目实景照片

图10-2　2018年前海时代项目实景照片

图10-3　2020年大运地铁枢纽实景照片

图10-4　大运枢纽"站城一体化"设计效果图示意

10.1.3 TOD国家监测评估平台建设探索

全球环境基金（GEF）"可持续城市综合方式示范项目"中国子项目中的国家层面项目，与北京、天津、深圳、贵阳、宁波、南昌和石家庄7个试点的城市层面项目构成"1+7"的组织模式。探索我国TOD发展中面临的交通设施建设与城市发展缺乏统合、实施机制研究不足、TOD理念与规划难以落地实施、公众认知基础匮乏、城市规划建设管理各环节缺乏有效的协同机制等问题的有效解决路径。同时，TOD也是探索绿色低碳发展路径、推动治理模式转型和体制机制创新的重要领域。形成国家层面TOD监测评估平台，以探索我国城市TOD发展的监控和管理机制雏形；为城市提供可供学习推广的成功案例和操作范本；建立国内外相关部门间的长效沟通机制；并推广TOD发展理念，引导城市居民生活方式的改变为目标。限于项目周期及数据可获得性等因素，项目在研究内容上以城市轨道交通涉及的相关TOD内容为主体，暂未扩展到对火车站、机场等节点区域的研究。

平台搭建了部、省、市三级联动的系统架构。其中，"中国城市TOD资源资讯系统"为部、省、市统一入口，通过账号密码进行权限管理；"中国城市TOD监测评估系统"为部、省、市独立入口，依各层级管理内容确定数据范围、数据精度及平台功能。该平台的数据库标准及平台建设标准与统筹城市规划建设管理的综合工作平台——城市体检评估信息平台统一设计、同步开发。TOD作为重要专项之一，与城市安全平台、海绵城市评估监管平台、城市市政基础设施综合管理信息平台等一系列平台，共同构成城市规划建设管理的专项工作平台。"综合"+"专项"的工作平台，向下以城市CIM平台为基础，向上以城市运行管理服务平台为服务界面，形成统筹城市规划建设管理的数字化、网络化、智能化的平台体系。

在业务内容上，住房和城乡建设部2020年的城市体检工作中，在交通便捷维度上，考虑了绿色低碳发展的新要求，增设了轨道覆盖通勤人口情况、绿色交通出行情况、慢行交通设施情况等方面的评价指标，与其他7个维度共同构成对城市建设整体状况的综合评估；其评估结果将与项目TOD视角的专项评估形成"综合"+"专项"模式的体系化的城市体检评估方法。项目由中国城市规划设计研究院学术信息中心和交通研究分院共同承担。

10.2 政策与标准

10.2.1 土地政策创新

地铁上盖物业开发首先要解决的依然是"面粉"的问题，土地作为物业开发的生产资料，如何能第一时间合规合法地取得是轨道交通企业要解决的重要问题。轨道交通建设为城市的基础设施建设，而轨道交通物业发展涉及经营性用地建设，轨道交通物业的发展需要占用城市的建设用地指标，加上土地出让收益的分配机制等问题，导致项目所在的主管政府对轨道交通物业开发积极性不高。此外，由于轨道交通物业开发的特殊性，物业项目需与轨道交通的建设同步实施，但该阶段轨道交通建设的投资审批不允许包含经营性项目，使得许多轨道交通物业项目无法取得立项，致使项目无法同期实施。很多城市政府有意向鼓励轨道交通公司参与轨道交通物业开发，但实际步伐较小，政策的执行与落实存在一定的过渡期，制约因素仍然较多，无法落实操作条件。使得轨道交通线路在实施时沿线的土地已经规划他用或已经批出，很难进行综合开发，相应弱化了上盖物业开发在拓展城市发展空间、提升城市效益空间、改善城市生态空间的主导作用。

我国土地的相关法律规定，经营性用地必须通过公开招拍挂程序进行出让。因此直接导致地铁公司在参与轨道交通物业开发过程中无法进行一二级的联动开发，如车辆段上盖综合利用项目，轨道交通公司在完成车辆段上盖建设后须进入土地储备中心入市交易。近年来，随着轨道交通物业开发兴起，发展逐渐成熟，国内外大中型房地产开发企业也开始关注并投入开发经营领域，市场竞争明显加剧。受现有轨道交通投融资体制的限制，无论轨道交通项目是否盈利，都有政府财政兜底，轨道交通企业经营业绩与经营者的收入并没有必然联系，企业经营者没有进行综合开发的积极性和主动性，难以进行上盖物业开发。

轨道交通物业开发前期准备和建设用地审批等复杂过程，涉及政府的部门较多。综观全国情况，绝大部分城市都尚未形成较为完善和统一的轨道交通物业开发审批流程，大多处于一事一议的阶段，事实上导致项目的审批流程较为繁琐和复杂，客观上不利于物业项目的推动和规模化发展。

轨道交通空间综合开发项目用途复杂，包括地下空间、市政道路、公园、销售经营性物业等多种用地类型，涉及供地方式、价格、手续、权属登记等各个环节。由于国内上盖物业开发尚处于起步阶段，为确保轨道交通综合开发项目顺利实施，加强地上地下空间、轨道交通场站与周边用地的统筹规划和协同建设，各地相继出台了相关政策文件。借助城市轨道交通物业发展蓬勃兴起的东风，国内城市也在土地政策方面取得了先行先试的宝贵经验，也助推所在城市的轨道交通企业取得了可观的社会与经济效益。

（1）北京市出台了《关于加强轨道交通场站与周边用地一体化规划建设的意见》，优化轨道交通周边用地程序审批和土地供应机制，明确投资分摊和收益分配机制，促进轨道交通建设与城市建设的有机融合。例如北京市五路车辆段项目依据上述指导意见，采用分层确权，创新三维立体方式以综合服务设备结构转换夹层底板防水层为界，合理划分轨道交通与二级开发使用功能，将结构预留阶段难以实施的融合性设计理念及轨道交通运营安全等相关要求，纳入土地招拍挂文件，由二级竞得人接续落实一体化相关事宜。

（2）上海市印发了《关于推进本市轨道交通场站及周边土地综合开发利用的实施意见》，对轨道交通场站及周边土地综合开发的规划条件、开发方式、开发主体、收益管理作了积极探索。创新轨道交通综合开发土地利用方式，鼓励主体发挥自身优势，轨道交通建设主体、相关企业可以单独或联合设立开发主体，轨道交通场站综合建设用地可以采取协议方式出让给开发主体。

（3）广州市印发了《广州市轨道交通场站综合体建设及周边土地综合开发实施细则的通知》等政策，支持建设综合交通枢纽，打造绿色出行交通系统，推进土地集约高效利用。创新采用高程坐标方式，实现轨道交通上盖用地分层出让新模式，并根据轨道交通场站综合体用地的土地来源，同时结合城市更新政策，按不同类别确定不同的收储补偿标准及流程。

（4）深圳市印发了《深圳市地下空间开发利用管理办法》等政策，从规划管理、用地管理、建设管理、使用管理等方面予以明确规定，以促进地下空间综合、系统开发，集约节约利用城市空间资源。根据管理办法，地下空间优先用于建设交通、市政工程、防空防灾、环境保护等城市基础设施和公共服务设施；鼓励地下空间建设商业、工业、仓储、物流设施以及体育、文化等项目；禁止地下空间建设住宅、幼儿园（托儿所）生活用房、养老生活用房等项目以及中小学普通教室。在规划管理上，《办法》提出，在专项规划层面，明确地下空间开发利用专项规划应当符合国土空间总体规划，并与人民防空、轨道交通、建筑废弃物治理、环境保护等专项规划衔接，地下空间开发利用专项规划应当划定重点地区范围，并对近岸海域的地下空间开发作出统筹安排；在控制性详细规划层面，实行重点地区地下空间详细规划和重点地区外规划指引的二元模式。在用地管理上，地下空间建设用地使用权的深度和范围按照满足必要的建筑功能和结构需要确定。地下空间建设用地使用权符合划拨规定的，按照划拨方式供应；商业等经营性项目，或者同一宗地下空间建设用地有两个以上意向用地者的，应当采用招标、拍卖、挂牌方式供应。符合规划并且满足特定情形的，可以协议出让地下空间建设用地使用权，其中需要穿越市政道路、公共绿地、公共广场等公共用地的地下连通空间或者连接两宗已设定产权地块的地下连通空间，全天候向公众开放的，可以按照公共通道用途出让，允许配建一定比例的经营性建筑，公共通道用途部分免收地价。在建设管理上，《办法》明确市政府可以在地下空间重点地区划定集中开发区域，集中开发区域应当对地上地下进行整体规划设计。地下空间开发建设中，建设单位在规划基础上增加城市基础设施、公共服务设施等情形的，可以给予容积转移或者奖励、地价优惠、财政奖补或者依法实施税收减免等，具体办法由相关部门制定后报市政府批准。在使用管理上，《办法》明确地下空间建（构）筑物和设施的所有权人为地下空间维护管理责任人。维护管理责任人应当建立地下空间安全使用和维护管理制度、突发事件应急预案，并按照规定配备报警装置和必要的应急救援设施、设备。

（5）杭州市出台了《杭州市城市轨道交通地上地下空间综合开发土地供应实施办法》《杭州市城市轨道交通上盖物业预留工程前期审批指导办法（试行）》，开展了地铁车辆段上盖综合开发专题城市设计，编制了《杭州市地下空间开发利用专项规划（2012—2020）》，加强与轨道交通等专项规划的衔接协调，通过控制性详细规划明确重点地区开发利用等内容。杭州市采取差异化供地模式，将空间使用权进一步细化，符合《划拨用地目录》的非经营性地上、地下空间，以划拨方式供应；不具备单独规划建设条件的经营性地下空间，以协议方式供应；不具备单独规划建设条件的经营性地上空间，可带技术条件以招拍挂方式公开出让；具备单独规划建设条件或与地铁场站有地下连通要求的经营性地上、地下空间，以招拍挂方式公开出让。

（6）成都市在市级层面陆续出台了多项顶层实施政策支撑，出台了《关于轨道交通场站综合开发的实施意见》《成都市轨道交通场站综合开发专项规划》《成都市轨道交通场站一体化城市设计导则》《成都轨道交通场站综合开发实施细则》《成都市轨道交通场站综合开发用地管理办法》等政策法规，采取整体规划、整体供地、分层登记，建立了在同一宗土地上划拨与出让方式相结合、地上与地下项目相结合、经营性用地与市政设施用地相结合的轨道交通上盖综合开发项目协议出让整体供地新模式。依据相关政策支持，成都市数十个站点开展了TOD综合开发一体化设计，14个示范站点逐步进入建设阶段，未来发展可期。

10.2.2 技术标准突破

轨道上盖物业和地下空间都属于新的物业开发形态，国内尚无明确的开发标准，而以往的建设标准又严重地限制了轨道上盖物业和地下空间的综合开发利用。为最大限度地利用轨道上盖物业和地下空间，针对轨道上盖物业的载重、限高以及防火等技术，要求行业和企业联合开展技术攻关，为新形态的轨道上盖物业及地下空间的综合开发解决了技术上的难题。包括突破规范创造车辆段特有的全框支转换结构体系，适用后期上盖开发各种户型的厚板转换体系，节约成本的车辆段上盖减隔震技术，突破车辆段盖板分缝长度限制、减少漏水隐患的技术等。

10.3 主要城市数据统计

10.3.1 北京地铁轨道交通物业发展统计表（见表10-1）

北京地铁轨道交通物业发展统计表　　　　表10-1

开发类型	项目名称（所在线路）	建设状态	占地（hm²）	开发面积（万m²）	物业类型	开发模式	持有/销售	开发时间	开发时序	备注
车辆段/停车场	八通线四惠车辆段	已建成	30.04	106						
	9号线郭公庄车辆段		23.32	54.92						
	10号线五路停车场		22.36	32.99						
	8号线平西府车辆段		39.30	51.71						

10.3.2 上海地铁轨道交通物业发展统计表（见表10-2）

上海地铁轨道交通物业发展统计表　　　　表10-2

开发类型	项目名称（所在线路）	建设状态	占地（hm²）	开发面积（万m²）	物业类型	开发模式	持有/销售	开发时间	开发时序	备注
车辆段/停车场	申通大楼	投入使用	0.275	1.87	办公		持有	2007	其他	
	嘉定城北站	在建	30.5	79.6	商业、办公、住宅		持有	2007	先预留后开发	

续表

开发类型	项目名称（所在线路）	建设状态	占地（hm²）	开发面积（万m²）	物业类型	开发模式	持有/销售	开发时间	开发时序	备注
车辆段/停车场	吴中路停车场上盖综合开发	在建	23.4	48	商业、办公		持股50%	2013	先预留后开发	
	金桥停车场上盖综合开发（一期）	在建	6	15	其他		持股50%	2013	先预留后开发	
	徐泾停车场上盖综合开发项目	已批未建	26.01	44.12	商业、办公、住宅		持有	2015	一体化开发	
站点上盖	雅州商务中心	投入使用	0.641	3.47	办公		持有	1994		
	永隆商厦	投入使用	0.03	0.16	办公		持有	1995		
	淮海中路344号商场	投入使用	0.0343	0.11	商业		持有	1995		
	虹梅商务大厦	投入使用	1.268	6.218	办公		持有	1998		
	龙阳商务楼	投入使用	0.119	0.477	办公		持有	2005		
	地铁恒通大厦	投入使用	0.716	3.8	办公		持有	2007		
	大连路535号物业楼	投入使用	0.105	0.399	商业、办公		持有	2008		
	环通商业广场	在建	2.67	16.24	商业、办公		持股50%	2007	一体化开发	
	四川北路申虹广场	投入使用	1.33	8.46	商业、办公		持有	2008		
	衡山路12号至尊酒店	投入使用	1.08	5.1	酒店		持股50%	2009	改扩建再开发	
	闸北区92#地块	在建	1.37	5	商业、住宅		持股30%	2014	先预留后开发	
	闸北区95#地块	在建	1.17	9.33	商业、办公		持股30%	2014	先预留后开发	
	九亭站管理用房	投入使用	1.65	1.38	办公		持有	2012	先预留后开发	
地下空间	江湾体育场站地下空间	在建	2	2.15	商业		持有	2011		

续表

开发类型	项目名称（所在线路）	建设状态	占地（hm²）	开发面积（万m²）	物业类型	开发模式	持有/销售	开发时间	开发时序	备注
地下空间	豫园站地下大通道	在建	0.75	0.83	商业		持有	2006		
站点周边开发项目	嘉定新城站	在建	17.94	53.91	商业、办公、住宅		持有	2007	其他	
	莲花路站	已批未建	1.76	4.6	办公		持有	/		
	奉贤区盾构井地块	在建	4.38	8.8	住宅		持股15%	2014	其他	
	徐泾北城站综合交通枢纽项目	在建	1.7	1.7	其他		持股50%	/	一体化开发	

10.3.3 深圳地铁轨道交通物业发展统计表（见表10-3）

深圳地铁轨道交通物业发展统计表　　　　　　　表10-3

开发类型	项目名称（所在线路）	建设状态	占地（hm²）	开发面积（万m²）	物业类型	开发模式	持有/销售	开发时间	开发时序	备注
车辆基地	前海时代（1号线）	竣工投用（一期），在建（二三期）	35.57	118.57	住宅、商业、办公、酒店、公寓、其他配套	代开发+BT	持有/销售	2013.12	先预留后开发	
	塘朗城（5号线）	竣工投用	4.36	35.39	住宅、商业、办公、酒店、公寓、配套	法人型合作开发	持有/销售	2013.12	先预留后开发	
	山海津（2号线）	竣工投用			住宅、配套	自主开发	销售	2012	先预留后开发	
	山海韵（2号线）	竣工投用	2.12	6.68	住宅、配套	自主开发	销售	2013	先预留后开发	
	锦上花园（3号线）	竣工投用	11.12	41.96	住宅、商业、公寓、其他配套	协议合作开发	销售	2014.10	先预留后开发	

续表

开发类型	项目名称（所在线路）	建设状态	占地（hm²）	开发面积（万m²）	物业类型	开发模式	持有/销售	开发时间	开发时序	备注
车辆基地	安托山开发（7号线）	在建	30.00	70.38	住宅、商业、公寓、其他配套	自主开发	销售		—	
	昂鹅车辆段上盖综合开发（14号线）	在建	39.51	231.99	住宅、商业、其他配套	自主开发			销售	
	松岗车辆段开发（11号线）	规划	42.09	89.34	住宅、商业、公寓、其他配套	自主开发	销售		先预留后开发	
	长圳车辆段（6号线）	规划	18.85	66.04	住宅、商业、其他配套	自主开发	销售	—	销售	
	坪地停车场上盖综合开发（3号线东延线）	在建	19.58	81.56	住宅、商业、学校和其他配套	自主开发	销售、人才房		销售	
站点上盖	地铁科技大厦	竣工投用	0.98	12.94	办公、商业、酒店	自主开发	持有	2012.12	一体化开发	
	地铁汇通大厦	竣工投用	0.66	15.33	办公、商业	自主开发	持有/销售	2013.9	一体化开发	
	前海枢纽	已批未建	20.01	173.3	办公、公寓、商业	自主开发	持有/销售			
	深圳北站项目	竣工	3.97	42.24	办公、酒店、公寓、商业	协议合作+BT	持有/销售	2015.1	—	
	深圳湾汇云中心	在建	6.83	41.9	办公、酒店、公寓、商业	协议合作+BT	持有/销售	2014	—	
	大运枢纽综合开发项目	在建	5.56	51.86	办公、商业、商住、人才房等	自主开发				
	平湖枢纽G04城市更新项目	前期整备				股权投资/合作开发				
地下空间	华强北地下空间	在建		7.1	商业		持有			
	连城广场	投入使用		2.8	商业		持有			

10.3.4 杭州地铁轨道交通物业发展统计表（见表10-4）

杭州地铁轨道交通物业发展统计表　　　　表10-4

开发类型	项目名称（所在线路）	建设状态	占地（hm²）	开发面积（万m²）	物业类型	开发模式	持有/销售	开发时间	开发时序	备注
车辆段/停车场	杨柳郡	在建	50.45	80	住宅	合作开发	销售	2015	先预留后开发	
站点上盖	地铁东城	投入使用	3.78	12.84	商业、办公	自主开发	部分持有	2012.5	先预留后开发	
	杭州中心	前期	2.25	15.6	商业、办公	合作开发			先预留后开发	
	翁梅站上盖物业	在建	8.66	37.27	商业、办公	合作开发		2011.8	先预留后开发	
	杭行路项目	在建	2.73	11.16	商业	合作开发			先预留后开发	

10.3.5 重庆地铁轨道交通物业发展统计表（见表10-5）

重庆地铁轨道交通物业发展统计表　　　　表10-5

开发类型	项目名称（所在线路）	建设状态	占地（hm²）	开发面积（万m²）	物业类型	开发模式	持有/销售	开发时间	开发时序	备注
车辆段/停车场	轨道交通三号线童家院子车辆基地上盖物业综合开发项目	在建	28.4	82	商业、商务办公、酒店、住宅	联合开发	持有、销售	2017.7	先预留后开发	
	轨道交通环线马家岩车场上盖物业开发项目	规划	11.85	47	住宅、商业、办公、酒店、公寓	待定	待定	待定	先预留后开发	
	轨道交通环线四km车场上盖物业开发项目	规划	9.06	29	住宅、商业、办公、酒店、公寓	待定	待定	待定	先预留后开发	
	轨道交通十号线王家庄停车场上盖物业	规划	26.9	79	住宅、商业、办公、酒店、公寓	待定	待定	待定	先预留后开发	
站点上盖	轨道交通一、三号线两路口新干线大厦	投入使用	0.69	7.5	住宅、办公、商业	联合开发	持有、销售	2008.12	一体化开发	
	大坪轻轨上城	投入使用	0.71	5.7	住宅、商业	自建	销售、持有	2008	一体化开发	

续表

开发类型	项目名称（所在线路）	建设状态	占地（hm²）	开发面积（万m²）	物业类型	开发模式	持有/销售	开发时间	开发时序	备注
站点周边开发项目	轨道交通一号线微电园站物业开发项目	规划	0.96	7.6	商业、办公	待定	待定	待定	其他	
	轨道交通一号线大学城站物业开发项目	规划	4.5	25	住宅、商业、办公、酒店、公寓	待定	待定	待定	其他	
	轨道交通一号线大学城站物业开发项目	规划	1.0	6	住宅、商业	待定	待定	待定	其他	

10.3.6 苏州地铁轨道交通物业发展统计表（见表10-6）

苏州地铁轨道交通物业发展统计表　　　　表10-6

开发类型	项目名称（所在线路）	建设状态	占地（hm²）	开发面积（万m²）	物业类型	开发模式	持有/销售	开发时间	开发时序	备注
车辆段/停车场	2号线太平车辆段上盖开发项目	平台已投入使用	18.4	两层平台 35.8				2011	先预留后开发	上盖平台与车辆段同步实施，通过招拍挂公开交易方式由苏州本地开发商竞得
	5号线胥口车辆段上盖开发项目	规划	17.9	两层平台 32.4					先预留后开发	上盖平台与车辆段同步实施，竣工后通过招拍挂上市交易
站点上盖	1号线辅助设施项目	投入使用		0.75	商业	自主开发	持有	2011.9	一体化开发	
	2号线高架设备用房项目	投入使用		1.9	商业	自主开发	持有	2012.9	一体化开发	
	4号线辅助设施项目	竣工未使用		1	商业	自主开发	持有	2016.9	一体化开发	
地下空间	1号线广济南路站、苏州乐园站地下空间	投入使用		0.98	商业	自主开发	持有	2012.11	先预留后开发	

续表

开发类型	项目名称（所在线路）	建设状态	占地（hm²）	开发面积（万m²）	物业类型	开发模式	持有/销售	开发时间	开发时序	备注
地下空间	2号线地下大空间	部分投入使用		1.8	商业	自主开发	持有	2013.11	先预留后开发	
	4号线、2号线延线地下大空间	在建		2.7	商业	自主开发	持有	2017.3	先预留后开发	观乐区间、乐桥站、竹辉路站
	5号线地下大空间	规划		0.3	商业	自主开发	持有		先预留后开发	竹辉路站
	3号线地下大空间	规划		1.2	商业	自主开发	持有		先预留后开发	东方之门站、宝带西路站
站点周边开发项目	苏地2017-WG-8号地块开发项目（太湖新城E08地块）	规划（地下室已竣工）	2.5	12	办公、商业、酒店、公寓	合作开发	持有/销售		先预留后开发	

10.3.7 厦门地铁轨道交通物业发展统计表（见表10-7）

厦门地铁轨道交通物业发展统计表　　　　　　表10-7

开发类型	项目名称（所在线路）	建设状态	占地（hm²）	开发面积（万m²）	物业类型	开发模式	持有/销售	开发时间	开发时序	备注
车辆段/停车场	1号线岩内综合维修基地上部社会保障性住房	在建	7.69	18.82	住宅商业					
	3号线五缘湾停车场上盖项目	拟建	6.1	23.09	住宅办公商业酒店					
	3号线蔡厝车辆段上盖项目	拟建	80.2	120.25	住宅办公商业酒店					

注：
- 建设状况包括：规划、已批未建、在建、竣工未使用、投入使用；
- 物业类型包括：住宅、商业、办公、酒店、公寓、其他；
- 开发时间为开工时间；
- 开发时序：一体化开发、先预留后开发、改扩建再开发、其他。

10.4 "轨道+物业"开发模式的典型项目

自然资源部总结了各地在推动节约集约用地方面的典型经验，组织相关单位围绕轨道交通地上地下空间综合开发利用，编制形成了《轨道交通地上地下空间综合开发利用节地模式推荐目录》，引导各地提高土地利用效率。其中推荐了北京市五路车辆段上盖综合利用模式、上海市莲花路地铁站复合利用模式、广州万胜广场地上地下空间综合开发模式、深圳市前海综合交通枢纽站城一体化开发模式、杭州市七堡车辆段上盖综合体模式、成都市崔家店停车场综合开发模式6个项目开发模式。项目介绍如下：

10.4.1 北京地铁——五路停车场上盖开发项目

十号线二期五路停车场位于海淀区西三环外玉渊潭乡五路居。项目四至：北侧到现状小区，南到玲珑路，西侧到规划五路居东路，东至兰靛厂南路，规划占地23hm²。

五路停车场综合利用规划方案采取从地下车站到停车场上盖多层次、多空间的一体化设计，整合了地铁办公区域，节约了约6.89hm²的落地开发建设用地；覆盖了10号线运用库和咽喉区，在其上部8.5m高度又创造出9.45hm²的上盖开发区，总开发规模约33万m²。

盖上9栋建筑，其中南侧一排10层为非住宅性建筑，中间一排为10层住宅，北侧一排为6层住宅。一级开发施工至隔震垫下部，由于限高及隔震垫上部建筑采用剪力墙结构，且基础部分已经实施，因此建筑及管道夹层层数、管井、交通核、高度、位置、结构形式及荷载不能改变。

小汽车库位于地铁运用库上层，面积约53809m²，住宅机动车停车288辆（0.5辆/户），非住宅停车228（65辆/万m²），总停车位中包含17辆无障碍车位。东南、西南各设一处自行车停车库。车库将随运用库同期建设，库内建筑布局不能改变。

与慈寿寺地铁站进行紧密结合，预留4个出入口需与开发部分合建，与开发建设一同完成。车站地下一层南段为地下商业功能，侧墙预留有6处可与开发部分相连的开洞条件。

1.规划设计理念
遵循"公共交通导向（TOD）原则、一地两用、提升城市公共环境"规划理念，在满足轨道交通车辆基地工艺和运营安全的前提下，编制综合利用规划方案和市政基础设施规划，根据规划管理部门批准规划设计条件有关荷载要求，依托轨道交通工程建设程序，利用车辆段上部空间进行综合开发建设。

2.具体做法

采取从地下车站到停车场上盖多层次、多空间的一体化设计。综合利用部分建筑的首层为车辆段的运用库房，层高9m；二层为住宅配套使用的小汽车库和住宅配套设备用房，层高4.5m；小汽车库顶板上部为平均深度1.5m的覆土；盖上为9栋住宅。咽喉区层高6m，上部预留1.5m覆土，并综合景观设计打造约3万m²的绿色公共活动空间。落地区紧邻地铁车站，其地下空间与地铁站厅层、公交首末站无缝接驳。

项目共设置三处上下汽车坡道和五处垂直交通核心筒，满足交通需求（见图10-5、图10-6）。

图10-5　五路停车场综合利用规划总图

图10-6　五路停车场综合开发效果图

10.4.2　上海市莲花路地铁站综合开发项目

上海市轨道交通1号线莲花路站已运营超过20年。随着乘客数量大幅提升，现有站台存在建筑功能缺失、无法站内换乘、建筑老化等问题，已经不能满足运营需求。为缓解区域交通压力，上海地铁资产投资管理有限公司在取得该站点综合开发项目用地的土地使用权后，对莲花路地铁站开展复合利用改造工作。项目占地17617 m²，其中包括4000 m²地铁站房及附属设施，规划用地性质为商业、交通枢纽综合用地。目前现场已竣工。

1.规划设计理念

加强规划统筹和区域研究评估，体现公共交通导向（TOD）模式，以场站用地为基础，适当扩大规划编制范围。在轨道交通网络规划编制中同步研究各场站综合开发的总体要求，在轨道交通专项规划编制中同步研究各场站综合开发的规划控制要求。

2.具体做法

在改造过程中，确保公共效益不影响，做到建设中地铁和公交在改造期全程不停运，并在建成后实现站内可换乘。将原地面二层侧式站台、展厅拆除，在本次供地范围的基础上，结合供地周边的原地铁站房、十三条公交首末站、社区配套用房和商业，建设综合性轨道交通上盖物业等业态，建筑面积约50000 m²，供地范围与周边保留轨道交通用地的综合容积率达到2.84。另外，在站台广场地下建设地下停车库约8620 m²，拟设置约258个停车位，实现地表地上复合利用。

10.4.3　广州万胜广场地上地下空间综合开发项目

万胜广场位于广州地铁4号线和8号线换乘的万胜围站上盖。项目占地面积4.1万 m²，总建筑面积32万 m²（其中商业4.6万 m²，办公17.7万 m²，线网指挥中心6万 m²，停车位1240个），定位为集地铁指挥中心、商业中心、商务办公、公交站场为一体的地铁上盖综合物业。

1.规划设计理念

创新"出让＋配建"模式。在地块出让时，通过设置条件，使得万胜广场从地块最初选址到后期开发，全程由广州地铁公司担任开发主体。在建设地铁指挥中心时，广州地铁公司统筹规划物业开发与地铁功能，对地块进行整合开发，实现同步规划、同步开发、同步实施和一体化设计。

2.具体做法

广州地铁公司对项目主体工程采用BT（政府利用非政府资金来建设某些

基础设施项目）融资建设模式，通过公开招标的形式，选取在地铁建设中具备雄厚实力的建筑施工单位进行建设，全面保障项目实施。同时，将一部分资金风险转移到施工单位，减轻地铁公司资金压力。

10.4.4 深圳市前海综合交通枢纽站城一体化开发项目

前海综合交通枢纽及上盖项目由地下枢纽和上盖物业两部分构成。枢纽部分由地下五条轨道线路（已运营地铁1号、5号、11号地铁线，规划穗莞深城际线及深港西部快线）及口岸和公交、出租、旅游大巴等交通接驳场站构成，总用地面积约20hm²。前海综合交通枢纽由政府投资，深圳地铁集团建设。项目分为近期和远期两部分实施。近期建设用地面积116693m²，主要包括地下的地铁1号、5号、11号线车站改造工程，地下交通换乘大厅和社会车辆停车场，地面公交场站、出租车场站及集散广场以及五条市政道路。远期建设用地面积99092m²，主要包括地下的穗莞深城际线及港深西部快轨车站，地面旅游大巴场站、出入境口岸及集散广场、出租车场站、商业开发和T9塔楼等。目前地铁1号、5号、11号线前海湾站已经开通，港深西部快线正在规划中。

1.规划设计理念

项目充分体现"站城一体化开发"和构建国际化CBD的规划设计理念。轨道、交通接驳设施、上盖物业与周边街坊进行一体、复合、多功能、高效集约的规划设计，配合枢纽建设，实现车站与周边街区开发相结合的站城一体化开发建设，充分发挥枢纽的触媒效应和集聚效应，构建以公共交通为导向的国际化CBD新城区。

2.具体做法

枢纽建筑地下六层，其中上面三层为轨道及交通换乘区，下三层为地下车库，设4900多个停车位。枢纽将设置深港过境口岸及公交、出租、社会车辆、旅游巴士等交通接驳场站，通过地下可直接连通市政道路的周边建筑，实现站城无缝对接。上盖开发部分定位为集枢纽立体商业、甲级办公、国际星级酒店及服务式公寓、商务公寓于一体的超级枢纽城市综合体，包括9栋超高层塔楼（含裙楼）、地铁11号线上盖独栋商业、远期枢纽上盖商业等。总建筑面积约215.9万m²，其中枢纽地下空间建筑面积88.1万m²，上盖物业建筑面积约127.8万m²。人行交通方面，枢纽内部构建以地下一层、二层换乘大厅为核心的四条主要人行通道，串联轨道车站、公交场站、出租车场站及上盖物业，实现内部的高效换乘；同时，通过地下、地面和二层人行系统与周边建筑或地块连接。车行交通方面，枢纽交通通过外围主、次干路及地下道路组织进出交通，物业交通通过内部支路解决进出交通，二者相对分离，实现枢纽与上盖物业车辆的有效集散（见图10-7、图10-8）。

图10-7　前海综合交通枢纽站城一体化开发剖面图

图10-8　前海综合交通枢纽站城一体化开发效果图

10.4.5　杭州市七堡车辆段上盖综合体开发项目

七堡车辆段上盖综合体项目由杭州地铁1号线和4号线车辆运营库、检修库、综合维修大楼、控制中心等地铁功能建筑和住宅、商业、写字楼、学校、公园等开发建筑组成，总建筑103万m^2。

1.规划设计理念

践行"轨道交通地上地下空间综合开发利用"的理念，在满足综合维修大楼，控制中心等建筑布置的情况下，对列车停放区、检修库等区域的土地进行分层利用。以《杭州市地下空间开发利用专项规划（2012—2020）》为基础，突出地铁的引领作用，利用地铁线网建设带动城市地下空间开发利用，通过"线"（地铁网线），将"点与面"（地下空间、副中心、重点片区）进行有效连通，形成地下空间网络。

2.具体做法

采用"高起点规划、高强度开发、高标准建设"。通过复合利用土地，分层设立土地使用权，建设了9m和13.5m两层板。其中落地区0m以下为地铁车站、地下公共过街通道和停车泊位等居住配套；上盖区0m到9m板之间为地铁功能区，设置了车辆运营、检修库；9m板至13.5m板之间设置公共停车位，同时也为13.5m板以上的开发建筑设置了停车位；13.5m以上为绿化、教育、居住等多种用途。

10.4.6 成都市崔家店停车场综合开发项目

崔家店停车场综合开发项目地下为双层地铁停车场设施，用地面积约130.06mu（亩），地上为综合开发项目，用地面积约236.9mu（亩），可修建二类住宅、商业服务业设施、地铁线网控制中心、公园绿地及道路。项目用地通过协议出让方式整体供地给成都轨道集团，地铁停车场已于2017年建成并投入使用。项目所在区域为成都市老城区，以老旧建筑为主，配套等级较低，土地资源稀缺。

主要做法。崔家店停车场综合开发项目是成都市第一宗地铁车辆基地综合开发用地项目，涉及地下空间使用权、地面市政道路、公园、住宅、商业等多种用地类型，在供地方式、供地范围、供地价格、规划手续、权属登记等各个环节均有不同创新，实现项目整体规划、整体供地、分层登记，建立了在同一宗土地上划拨与出让方式相结合，地上与地下项目相结合，经营性用地与市政设施用地相结合的轨道交通上盖综合开发项目协议出让整体供地新模式。

10.4.7 深圳市大运枢纽TOD开发项目

大运枢纽TOD开发项目位于深圳市龙岗区大运新城南部片区，龙岗大道以西，龙飞大道两侧，为深圳地铁3号、14号、16号和33号线四条轨道线路的换乘枢纽，大运换乘枢纽站为深圳市东部中心唯一一个集城际、快线、普线于一体的核心门户枢纽，其中地铁3号线已于2011年投入运营，地铁14号、16号线为在建地铁线路，地铁33号线为地下城际线路。45min可达机场及罗湖中心区。项目总用地面积约4.9hm^2，项目用地功能规划为商业服务业用地+二类居住用地，项目总开发量约50.02万m²，其中住宅13.1万m²，办公15.35万m²，商业9.05万m²。

在土地价值提升方面，按四大策略提升枢纽及周边地区土地价值。一是缝合现状割裂的城市空间，整合既有分散独立功能资源（如大学城、阿波罗等），以商业、商务、创新研发功能混合，形成创意展示、展览、研发、孵化等片区功能互动；二是提高核心区总体开发量：由126万m²提高至250万m²，打造以高科技产业为载体的人性化高效复合中心；三是强化功能场所复合度，将枢纽500m周边商务、商业功能比例由12%提升至50%，激发枢纽区域活力；四是土地资源碎片整理，调整建设用地及功能布局，下活大运枢纽一盘棋：调整城市总体规划18.4hm²绿地、18.3hm²发展备用地、4.2hm²可建设用地为新型产业用地、商业用地及道路，满足大运枢纽未来的开发业态需求。

在交通组织方面，构建以"公共交通为主导"的"外快内慢"交通系统结构，将过境交通引流至核心区外围，谋划更适宜枢纽区域的交通体系；结合机荷高速改扩建的契机，优化荷坳立交，简化横岗至龙华、罗湖方向匝道，保留并优化调整3条匝道，释放用地10.8万m²；调整爱联立交为灯控平交，便捷周边用地进出交通组织，改善慢行尺度空间，缝合城市空间，释放5万m²，改善区域用地开发与周边的衔接条件；龙岗大道在枢纽核心区段（约780m）局部下沉疏解过境交通功能（对标上海外滩延安路），释放地面空间，提升交通效率；针对核心区内部，将进一步优化完善内部路网，形成尺度宜人的街道环境。

大运新城是深圳17个重点建设区域之一，在深圳"东进战略"中，大运新城将打造成深圳东部中心核心区和"城市新客厅"。根据《"东部中心"规划及大运新城综合发展规划》，未来大运新城将形成"一核两轴六片区"的功能结构，作为属地街道的龙城街道，将重点塑造以大运新城为核心的大学城片区。大运枢纽在全市轨网的地位举足轻重，成为带动东部城市、产业发展的强中芯，未来发展职能将融合科技创新、金融商务、文体娱乐、绿色生态等多方面内容，打造更多元、更活力、更生态、更人性化、更高质量的城市发展模式。

大运枢纽综合开发项目作为龙岗中心城片区第一个轨道交通上盖物业，项目的建设有利于发挥区域环境、交通优势，为片区提供住宅、商业及办公配套。项目位于龙岗区大运站西侧，坐落于四线交汇的交通枢纽，快速路和主干道贯穿，4线地铁通行，建筑面积约51.86万m²，充分利用地铁与周边地块的融合要求，打造集居住、商业、商务等多功能宜人开放的城市综合体。项目一直积极响应和践行国家高质量发展要求，从产品设计开始就精益求精，项目设计单位通过全球设计竞赛招标引入，根据规划要求建设为高水平、高质量的标志性建筑，在造型、设计和功能等方面形成龙岗新地标。深铁置业坚持"经营地铁、服务城市"，创新"轨道＋物业"模式，践行TOD发展理念，推进"站城一体化"开发，推动城市出行、生活、购物、休闲无缝对接，提高人民生活的便利性和交通的人性化，为深圳的空间创新利用和城市高效管理贡献"深铁智慧"。

深铁集团顺应"以公共交通为导向"的TOD开发模式发展趋势，推动产城融合发展，多渠道拓展市场化土地资源，反哺轨道交通建设运营，实现城市轨道交通的可持续发展，彰显了国企在推进公益事业上的担当和作为。服务于全市发展大局，深铁秉承"厚德载运，深铁为民"的企业精神，一贯在社会服务、民生保障上一肩挑。项目住宅包含50%人才保障房，通过上盖空间开发，可集约利用土地资源，拓展城市空间，实现空间再造，完善城市功能。以TOD发展模式推进以枢纽为核心的站城一体化开发，力争成为全国一流的轨道物业服务商。敢高于行业标准，以品质建未来，使深铁置业成为真正的轨道城市缔造者，助力深圳"先行示范区"建设及大湾区高效高质城市发展（图10-9）。

图10-9 大运枢纽TOD规划设计效果图

10.4.8 深圳市平湖枢纽城市更新项目

平湖枢纽项目是深圳地铁10号线、18号线、广深四线交汇的TOD枢纽项目，项目位于龙岗区平湖街道平龙路与平湖大街交汇处西南角，平龙路以南、平湖大道以西、守珍街以北、广九线轨道以东围合处，与平湖枢纽紧密关联。根据专规批复，平湖更新单元用地面积216387.5m²，拆除范围用地面积202082.9m²，开发建设用地面积106622.3m²，其中3000m²国有未出让的零星用地按照城市更新办法及实施细则一并出让给项目实施主体。土地贡献率约47.24%。规划总建筑容面积862230m²，其中住宅463000m²，商业、办公及旅馆业建筑336930m²，公共配套设施（含地下）32830m²。截至2021年底，已完成拆迁签约33.18万m²，签约率约95%，大部分原建筑物已经实际完成拆除。预计2022年12月，项目可完成更新实施主体确认，项目公司获取土地后进行开发建设（见图10-10、图10-11）。

《深圳建设交通强国城市范例行动方案（2019—2035年）》指出，"率先推

图10-10 平湖枢纽"站城一体化"城市设计效果示意图

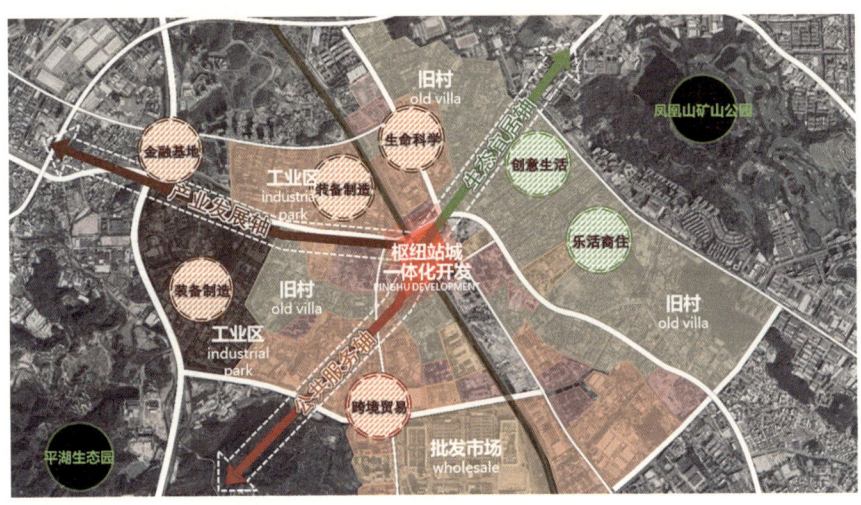

图10-11 平湖枢纽周边现状发展轴分析

动建设平湖商贸服务型国家物流枢纽，实施平湖南全国集装箱中心站建设项目，加快铁路线路改造和货场功能建设，推进铁路上盖开发综合物流枢纽规划建设，完善集疏运交通配套功能。"而该项目与平湖枢纽紧密相连，是典型的TOD项目，市属地铁公司参与该项目合作开发将有助于统筹实施站城一体化设计和开发建设，提高城市空间的利用效率，增强环境友好性，推动城市价值提升，具有重要的政治意义和社会意义。

同时，深圳市土地供应方式中，存量土地的更新和利益统筹等方式日渐成为主流。该项目是市场化拓展城市更新开发资源的有益探索和尝试，是投资拓展模式的创新。这也符合中长期战略发展规划所提出的"选择性市场化拓展土地（土地整备利益统筹、城市更新等）"发展思路，有助于探索站城一体化开发"组局利益相关方和物业经营方成为利益共同体共同开发经营"的实施路径和商业模式。该项目实施过程中，可以探索实践"组局外部合作方共同拟定建设方案和开发时序，构建分工协同的合作机制/模式，明确各合作方价值主张，应合作伙伴投资收益需求和自身价值回流需求设计合理商业模式，清晰界定投资分担/收益分成比例和各方权责"，具有重要的现实和先行示范意义。

深铁集团积极探索统筹推进TOD站城一体综合开发，深度参与平湖更新项目合作开发，既有利于加快平湖枢纽这一重要交通设施的全面落实，也高度契合深铁集团"必须积极参与、力争主导所有枢纽开发建设项目"的发展战略和发展格局，是探索和尝试以市场化方式真正介入城市更新项目的重要举措，将通过市场化投资合作获取更多回报，履行反哺轨道建设运营的重大使命。